Auf Entdeckungsreise durch eine Region

Infineon-Mitarbeiter aus Warstein verraten ihre Lieblingsorte

Auf Entdeckungsreise durch eine Region

Infineon-Mitarbeiter aus Warstein verraten ihre Lieblingsorte

Herausgeber: Infineon Technologies AG Warstein
Redaktion: Jörg Malzon-Jessen & Marius Koch

75 Years Infineon Warstein

Infineon

Bibliografische Information der Deutschen Nationalbibliothek

Die Deutsche Nationalbibliothek verzeichnet diese Publikation in der Deutschen Nationalbibliografie; detaillierte bibliografische Daten sind im Internet über http://dnb.dnb.de abrufbar.
ISBN 978-3-95587-774-3

FSC® www.fsc.org
MIX
Papier aus verantwortungsvollen Quellen
FSC® C014138

Für uns, die Battenberg Gietl Verlag GmbH mit all ihren Imprint-Verlagen, ist Nachhaltigkeit ein wichtiger Teil unserer Unternehmensphilosophie. Daher achten wir bei allen unseren Produkten auf den Einsatz umweltschonender Ressourcen und Materialien.
Dieses Buch wurde auf FSC®-zertifiziertem Papier gedruckt. FSC (Forest Stewardship Council®) ist eine nicht staatliche, gemeinnützige Organisation, die sich für die verantwortungsvolle und ökologische Nutzung der Wälder unserer Erde einsetzt.

Unsere Partnerdruckerei kann zudem für den gesamten Herstellungsprozess nachfolgende Zertifikate vorweisen:
- Zertifizierung für FOGRA PSO
- Zertifizierungssystem FSC®
- Leitlinien zur klimaneutralen Produktion (Carbon Footprint)
- Zertifizierung EcoVadis (die Methodik besteht aus 21 Kriterien in den Bereichen Umwelt, Einhaltung menschlicher Rechte und Ethik)
- Zertifikat zum Energieverbrauch aus 100 % erneuerbaren Quellen
- Teilnahme am Projekt „Grünes Unternehmen" zum Schutz von Naturressourcen und der menschlichen Gesundheit

Herausgeber: Infineon Technologies AG Warstein
Redaktion: Jörg Malzon-Jessen & Marius Koch

1. Auflage 2020
ISBN 978-3-95587-774-3

www.battenberg-gietl.de

Vorwort

Liebe Leserinnen und Leser,

viele unserer Mitarbeiterinnen und Mitarbeiter, die nicht aus der Region um Warstein herum stammen, schauten vor der Bewerbung zunächst bei Google Maps: Wo liegt nur dieses Warstein? Nun, dort, wo man Bier braut, gibt es gutes Wasser und somit auch eine gesunde Natur. Dort, wo eine gute Thermik vorherrscht, kann man auch getrost jedes Jahr das größte Heißluftballon-Event Europas mit Gästen aus aller Welt, die Warsteiner Montgolfiade, veranstalten. Eine reizvolle Umgebung mit Bergen, Tälern und Seen also, die zudem viele sportliche Möglichkeiten eröffnet sowie unzählige Rad- und Wanderrouten bietet.
Das Umland besteht aus kleinen und mittelgroßen Städten und Gemeinden, was dem geselligen Leben unter anderem in Form einer breiten Vereinsbasis sehr zugutekommt. Das macht es Neubürgern leicht, Anschluss zu finden. Fehlt nur noch ein auskömmliches Einkommen in einem spannenden Job, das neben erschwinglichen Grundstückspreisen einen lebenswerten Raum, besonders für Familien, attraktiv macht. Das alles gibt es in und um Warstein im Kreis Soest (geografisch gehört Warstein zum nördlichen Rand des Sauerlands, politisch zum Kreis Soest) mit den Mittelstädten Soest, Lippstadt und Werl und der weiteren Region. Das Ruhrgebiet mit seinen Großstädten, für die, die es gerne etwas größer mögen, ist auch nur einen Katzensprung entfernt. Warstein gehört als Teil Südwestfalens zur drittstärksten Industrieregion Deutschlands. Für den heutigen Infineon-Standort Warstein hat alles am 1. Dezember 1945 angefangen. Zu dem Zeitpunkt wurde offiziell beim Amt Warstein die AEG Röhren- und Gleichrichterfabrik in Belecke als Gewerbe eingetragen. Das Personal bestand zunächst aus 21 Ingenieuren, die sich aus dem zerbombten Berlin hier neu ansiedelten. Seit nunmehr 75 Jahren wird also an diesem Standort Forschung und Entwicklung sowie die Produktion von leistungselektronischen Bauelementen betrieben. Der Standort ist somit der erfahrenste im heutigen Konzern für diesen Bereich und hatte in den vergangenen Jahrzehnten eine sehr innovative und auch wechselvolle Geschichte. Heute arbeiten bei Infineon in Warstein rund 2.000 Mitarbeiterinnen und Mitarbeiter aus fast 40 Nationen und sorgen dafür, dass die führende Position des Innovationsstandortes im Weltmarkt bei Leistungshalbleitern stetig weiterentwickelt wird.
Ihr Entdeckergeist spiegelt sich auch in den zahlreichen Beiträgen dieses Buches wider, das wir anlässlich unseres 75-jährigen Standort-Jubiläums in einer großen Gemeinschaftsaktion geschrieben haben. Insgesamt sind es 75 an der Zahl, allesamt verfasst von Mitarbeiterinnen und Mitarbeitern. Zur Orientierung sind die Lieblingsorte in die Rubriken „Natur" – „Kultur" – „Bewegen" – „Genuss" eingeteilt. Sehenswertes, Staunenswertes oder noch Unbekanntes – die Region um Warstein hat viel zu bieten.
Es ist ein sehr persönlicher und damit ein Reiseführer der besonderen Art. Für alle, die die Region schon jetzt lieben und für alle, die sie noch mit ihren vielen Facetten kennenlernen möchten.
Viel Freude beim Lesen und Entdecken!

Betriebsleitung Infineon Technologies AG Warstein

Arne Kohring Nikolas Danckwerts Martin König

Inhaltsverzeichnis

Die Ahse-Wiesen in Lippetal
Oase im Grünen

Eingebettet in Wiesen und Felder, im Osten und Westen von zwei Aussichtsposten bewacht, liegt das Feuchtgebiet der Ahsewiesen in Lippetal zwischen den Dörfern Hultrop und Stocklarn westlich von Soest. Mit 370 Hektar ist es nicht sehr groß, bietet mit Wiesen, Hecken, Bäumen und Wasserflächen aber eine vielfältige, interessante Landschaft. Für die Tierwelt ist es ein wichtiges Rückzugsgebiet. Straßen und Dörfer sind nicht weit weg, die Verkehrsgeräusche immer leise präsent. Aber sobald ich mich auf die Landschaft einlasse, wird der Lärm nur noch zum Hintergrundrauschen, schnell vergesse ich die Zeit.

Das Kerngebiet der Feuchtwiesen wird nur extensiv bewirtschaftet und nicht von öffentlichen Wegen zerschnitten. Der Besucher schaut von außen zu – die Tiere bleiben im Inneren ungestört. Dank der Rücknahme von Entwässerungsmaßnahmen kann das Wasser der Ahse in Winter und Frühjahr die umgebenden Wiesen wieder fluten. Der Charakter der Landschaft ändert sich, es entstehen große, flache Wasserflächen. Viele Zugvögel rasten dann hier. Einige mittlerweile selten gewordene Vögel brüten auch in den Ahsewiesen. Leicht lassen sich der Große Brachvogel, Kiebitze, die Wiesenweihe oder Störche beobachten.

Geht das Frühjahr in den Sommer über, trocknen die Wiesen aus, nur einige Tümpel bleiben zurück. Die Landschaft ändert sich wieder. Man kann beobachten, wie die Vögel den Nachwuchs großziehen, bis im Spätsommer auch die letzten Jungen die Nester verlassen haben. Rehe laufen mit ihren Kitzen über die offenen Flächen, Hasenohren schauen aus der Wiese, Wachteln streifen durch das Gras. An den verbliebenen Wasser-

löchern bieten sich Szenen wie in der Steppe. Die großen und kleinen Tiere kommen alle einmal zum Trinken vorbei.

Wer leise ist und sich Zeit nimmt zu schauen, wird immer belohnt. Für mich vergeht die Zeit immer viel zu schnell, während ich auf den Wegen laufe oder in einem der Beobachtungsposten sitze und die Tiere beobachte. Ein Fernglas ist meist im Gepäck.

Für die Anfahrt von Soest empfehle ich das Rad. Über Hattrop – Borgeln – Berwicke lassen sich die großen Straßen etwas umgehen. Wer mag, macht die Runde über Oestinghausen und Katrop oder Thöningsen zurück nach Soest komplett. Vor Ort laufe ich lieber, zu oft habe ich schon im Vorbeiradeln etwas übersehen. Auf den freigegebenen Wegen ergibt sich um das Kerngebiet kein Rundkurs, das ist nur im nördlichen Bereich möglich. Wer also nicht alles retour laufen will, schiebt das Fahrrad einfach.

Dass die Ahsewiesen heute wieder Feuchtgebiet sein dürfen, ist dem Engagement vieler Menschen zu verdanken. Schon in den 1980er Jahren begannen Land und Kreis, Flächen aufzukaufen. Im Laufe der Zeit wurden Entwässerungsmaßnahmen rückgängig gemacht, so dass die Wiesen heute bei Hochwasser wieder unter Wasser stehen. Weitergehende Informationen zum Gebiet der Ahsewiesen und zur Vogelwelt dort bieten Quellen im Internet, z. B. von der Arbeitsgemeinschaft Biologischer Umweltschutz (ABU).

Achim Cordes lebt in Soest und arbeitet seit 1994 als Ingenieur für Fertigungsplanung und Automatisierung bei Infineon. Er ist gerne in der Natur unterwegs, genießt die Ruhe und beobachtet die kleinen und die großen Tiere.

Kallenhardt – „ein Gedicht"

Kommt doch mal nach Kallenhardt

Warum in die Ferne schweifen,
denn auch hier gibt's viel zu sehn,
beim durch die heimische Landschaft Streifen
fällt es leicht, das zu verstehn.

Das Dorf, um des Berges Schopf gewunden,
hält für den Naturfreund viel bereit,
kommt mit, um es zu erkunden,
garantiert wird es eine schöne, abwechslungsreiche Zeit.

Hier kann man wandern und entdecken,
durch Feld und Wald, am Bachlauf lang,
belohnt wird der Blick auf schöne Flecken,
als ständiger Begleiter Vogelgesang.

Da ist das Schloss, von Wasser umwunden,
als Teil einer besonderen Strecke,
deren Wege das Dorf umrunden,
mit herrlichen Aussichten an jeder Ecke.

Besichtigt auch den Hohlen Stein,
unweit des Dorfs gelegen,
eine Kulturhöhle, man kann auch rein
und vielleicht kleine Abenteuer erleben.

Besucht den Bikerpark am Waldesrand,
solltet ihr des Wanderns müde sein,
macht mit oder beobachtet das Treiben auf dem Hang
und kehrt auf einen Imbiss ein.

Oder schaut rein in die Edelbrennerei,
im Dorf zu finden, individuell und charmant,
probiert edle Tropfen, ein Shop ist auch dabei,
genießt die Atmosphäre, alle sind hier sehr gastfreundlich und entspannt.

Zu guter Letzt, auch das muss sein,
denn Wandern macht hungrig und nicht glücklich allein,
kehrt doch noch ins Romantikhotel ein,
genießt dort das Essen, Umgebung und Service sind herzlich und fein.

Adolfi Risse lebt selbst in Kallenhardt. Sie ist seit 1995 am Standort beschäftigt, zunächst bei der AEG, dann bei Infineon, vormals eupec, wo sie im Produktmarketing des Bereichs Low/Medium Power arbeitet und dort zuständig ist für den Support Richtung Asien, Australien und Japan.
Obwohl sie auch das Leben in der Stadt gern mag und dies ab und an für ein paar Tage praktiziert, weiß sie die weite Natur und Ruhe ihres Heimatortes sehr zu schätzen.

Unterwegs auf historischer Route

Wer ist eigentlich der Pengel-Anton?

Von 1899 bis 1960 fuhren auf der Strecke zwischen Soest und Brilon Personenzüge, bis sie bis 1970 weitgehend stillgelegt worden sind. Nach einer Zeit des Brachliegens ist dann der Bahnkörper bis 1985 für den Radverkehr hergerichtet und freigegeben worden. Dort, wo der Radweg die Bundesstraße begleitet, wurde die Bahntrasse nur teilweise genutzt. Man kann immer noch die rostenden Schienen sehen, die nicht entfernt wurden.

Der Bahntrassenradweg geht durch das Sauerland und führt von Brilon direkt an unserem Infineon Technologies Standort in Warstein-Belecke vorbei, von dem wir mit dem Rad aus starten werden.
Die ruhige Landschaft ist eine abwechslungsreiche Mischung aus Feldern, Wäldern und Auen. Unsere gesellige Lieblingsroute führt mit einem gut gefüllten Rucksack voller Leckereien durch das Möhnetal, zum Möhnesee und letztendlich nach Soest. Hierbei legen wir eine Strecke von circa 30 Kilometern zurück.

Und woher kommt jetzt der Name? Pengeln heißt so viel wie Bimmeln und der Pengel-Anton war die Bimmelbahn.

Und genau diese Bimmelbahn ist als Museumsstück wenige Kilometer von unserem Standort in Sichtigvor am alten Bahnhof ausgestellt und kann kostenfrei besichtigt werden. Zu sehen sind zwei alte Eisenbahnwaggons. In einem wird eine Modellbahn betrieben, der andere zeigt im Inneren eine kleine Ausstellung zur Eisenbahn im Möhnetal.
Direkt nebenan lädt der Wirt „Schwindel“ in seiner Gaststätte „Alter Bahnhof Sichtigvor“ zu einem frisch gezapften Warsteiner ein, oder auch zu zwei. :)
Erfrischt geht es weiter durch Allagen am schönen Flusslauf der Möhne vorbei, der vor

ein paar Jahren renaturiert wurde. Rechts von uns sehen wir den Skywalk-Möhnetal, der im Herbst 2019 eröffnet wurde. Die imposante Aussichtsplattform ragt mit 30 Metern weit über den Liethsteilhang hinaus. Der Skywalk erschließt erstmalig einen einzigartigen Panoramablick über das Möhnetal bis in den Arnsberger Wald.

Angekommen an der Kanzelbrücke kommen wir zu einer der schönsten Steinbrücken Deutschlands. Sie bietet einen guten Einblick in das Naturschutzgebiet der „Möhneaue" mit vielen Wasser- und Singvögeln. Wir würden nicht in der Supply Chain arbeiten, käme jetzt nicht wieder unser gut organisierter Rucksack zum Einsatz. Am liebsten machen wir es uns mit Sauerländer Tapas auf den Waldsofas gemütlich.

Nun heißt es, erst einmal kräftig in die Pedale treten. Wir fahren die Haar hinauf, über Echtrop in die alte Hansestadt Soest, wo unsere Lieblingsroute endet. Die beliebte Stadt ist sehr vielfältig und auf jeden Fall einen Besuch wert. Bei einem Zwiebelbier zum Abschluss lassen wir die Radtour Revue passieren und erinnern uns mit viel Freude an so manches Team-Event – wie zum Beispiel Besuche des Weihnachtsmarktes oder der Allerheiligenkirmes – zurück.

Wir wünschen euch genauso viel Freude und Spaß beim Nachradeln auf dem Pengel-Anton-Weg!

(v.l.n.r.) Melanie Schipek, Kathrin Becker, Alexandra Essert, Jennifer Volmer arbeiten im Bereich der Frontend Supply Chain. Auch privat sind sie ein tolles Team. :)

Mountainbiken in der Bike Arena Sauerland

Erholung und Action rund um den Rothaarsteig

Mein Lieblingsort ist eigentlich kein Ort, sondern eine Region. Die Rede ist von der Bike Arena Sauerland und der Wanderregion rund um den Rothaarsteig. Besonders die Gegend um Winterberg und Schmallenberg, meinen Heimatort. Die Natur, die Ruhe, frische Luft und weite Blicke über das Sauerland bieten perfekte Bedingungen für ausgedehnte Mountainbike- oder auch Wandertouren. Es benötigt nur wenige Kilometer, um fern von Ortschaften und Straßen die vielseitige Natur genießen zu können.

Als begeisterter Mountainbiker reizt mich das vielseitige Streckennetz. Egal ob man auf Höhenmeterjagd gehen will oder einfach eine ruhige Panoramatour mit der Familie plant, jeder findet die richtige Route. Besonders die Adrenalin-Junkies kommen in Winterberg auf ihre Kosten. Der Bike- und der Trailpark bieten hier alles, was das Mountainbikerherz begehrt. Professionell angelegte Abfahrten, Pumptracks und Flowtrails, auf denen man sich auspowern kann.

Ich persönlich verbringe meine Zeit gerne mit ausgedehnten Touren auf dem Rothaarsteig und den vielen anderen Strecken im Hochsauerland. Ein Tipp ist der Abschnitt des Rothaarsteigs zwischen Schanze und Jagdhaus. In den beiden kleinen Orten findet man gemütliche Lokale zur Einkehr, wenn man sich für die noch kommenden Kilometer stärken möchte.

Die Strecke dazwischen macht durch die vielen flowigen Trailpassagen besonders viel Spaß. Auf dem Weg nach Schanze können vorher auch einige Höhenmeter zurückgelegt werden. Für sportliche Fahrer empfehle ich ausgehend von Schmallenberg eine Rundtour über die Hunau zum Kahlen Asten und weiter über den Rothaarsteig nach Schanze und Jagdhaus. Weitere Touren, auch für Rennradfahrer, können auch auf der Homepage der Bike Arena (www.bike-arena.de) gefunden werden. Die Routen sind hier sehr gut beschrieben und die entsprechenden GPX-Dateien können auch heruntergeladen werden.

Also dann, Kette rechts und los geht's. Vielleicht begegnet man sich dann demnächst mal auf einer der vielen schönen Touren durch die Bike Arena Sauerland!

Andreas Henke lebt in Schmallenberg und arbeitet seit 2008 bei der Infineon Technologies AG in Warstein. Für den Leiter der Easy-Produktionslinie ist der Mountainbike-Sport im Sauerland der perfekte Mix aus Action, Erholung und sportlichem Ausgleich vom Arbeitsalltag. Je höher der Berg, desto freier der Kopf …

Gospel – mitnehmen, begeistern, bereichern

Wenn BeGEISTerung in Takt kommt und wie FLOW entsteht

Wer kennt das? Nach einem anstrengenden Tag abends noch mal so richtig Spaß haben und abhängen oder abheben. Letzteres geht zum Beispiel mit Sauna oder Flugdrohne. Oder sollte ich lieber sagen: nach einem inspirierenden Arbeitstag voller Kreativität abends noch mal so richtig verausgaben und sich aufs Detail konzentrieren. Letzteres geht mit einem Trainingsplan für den nächsten Triathlon oder der jährlichen Steuererklärung. Manch einer kommt dabei so richtig in den Flow – die Zeit löst sich auf, der Mut und die Leichtigkeit steigen und es werden Dinge möglich, die „man" für unmöglich gehalten hat.

Zugegebenermaßen – zwei Extreme, die sich so nicht ereignen und auch widersprechen. Oder doch nicht? Ist das möglich? Ich erzähle euch gern davon, wie es bei mir aussieht …

Mein Lieblingsort – oder besser – das Lieblings-Event ist der Gospelchor. Mindestens zwei Mal pro Woche kommen hier mehrstimmiger Gesang, jazzige Arrangements, coole Sounds und Groove (eine Art gemeinsam empfundener Rhythmus) sowie Bewegung und Tanz auf eine einzigartige Weise zusammen. Nach einem inspirierenden Arbeitstag voller Kreativität geht's gleich ebenso weiter. Neue Arrangements und Songs erlernen, einfach mal ausprobieren, wie es gemeinsam klingt (Chor ist nur als Gruppe möglich), experimentieren, bis es leicht und locker fließt – andere mitnehmen, begeistern und bereichern … Denn Gospel trägt eine Botschaft. Ganz nebenbei etwas für seine Gesundheit tun – meine Pulsuhr gratuliert mir für viele Schritte und zwei Stunden Ausdauer-Training. Das Immunsystem wird gestärkt, denn wer singt,

der kann sich nicht gleichzeitig Sorgen machen. Im FLOW wird alles – egal was du tust – zu einem Lieblings-Ereignis. Gehst du damit an magische Orte, wie Kapellen, Wiesen und Felder und Kirchen in der Umgebung oder auf die Haar – an der großen Linde mit einem 50 Kilometer weiten Blick nach Norden. Oder zur Anröchter Pankratiuskriche mit ihrem 750 Jahre alten Gebäude und einem Gänsehaut-Hall, bei dem auch noch nach drei Sekunden der Akkord nachklingt. Das ist Whoah … das ist unbeschreiblich schön und … ansteckend. :-)
Mit BeGEISTerung wird so vieles leichter – im Hobby ist es wohl selbstverständlich. Auch im Job ist es nicht verboten, begeistert zu sein, sich im Flow zu befinden und sich für sein schwieriges Thema zu engagieren. Ja, für Kreativität und „Out of the box"-Denken ist es sogar erforderlich. So kann sogar der Meeting-raum zum Lieblingsort werden und der wöchentliche Team-Jour-fixe zum Lieblings-Event. Muss ja nicht sein – kann aber helfen.
Ach ja – so kann es passieren, dass beim Singen, beim Laufen, beim Betrachten der Weite der Haar, also bei dem, was dich in den Flow bringen kann, dir genau die Ideen kommen, die du tagsüber gesucht hast. Neue Impulse fürs Produkt-Design oder Lösungen, die deine Task Force weiterbringt … Da wird der Lieblings-Ort und dein Lieblings-Event sogar zum Helfer im Job.
Ja, das passiert, wenn BeGEISTerung in Takt kommt. Das macht den FLOW aus.

Andreas Lenniger lebt in Anröchte, hat Elektrotechnik studiert und ist im COST und VALUE Engineering tätig. Das Singen hat er 2006 für sich entdeckt. Er singt Gospel, Pop und Jazz und leitet selbst einen Gospelchor.

Telegrafenstation
Steine und Mehr: Eine Abbaulandschaft erfindet sich neu
Unter diesem Titel haben die Gemeinde Anröchte sowie die Städte Geseke und Warstein im Rahmen der Regionale 2013 Südwestfalen ein gemeinsames Konzept erarbeitet, um die durch die Steinindustrie beanspruchte Landschaft erlebbar zu machen.
Uelde ist ein landwirtschaftlich geprägter Ort mit einer Fläche von 496 ha und gehört mit den Ortschaften Altenmellrich, Klieve, Mellrich, Robringhausen und Waltringhausen zum Kirchspiel Mellrich.
Ab 1833 gab es oberhalb des
Rheinprovinz, das behördliche und militärische Nachrichten über eine Distanz von fast 550 Kilometer übermitteln konnte. Es bestand aus 62 Stationen, die mit Signalmasten mit jeweils sechs Seilzügen ausgestattet waren, an denen Telegrafenarme angebracht waren. Diese waren an einem Mastbaum befestigt, der 6,30 m über einem Observationsraum hinausragte. Die Nachrichten wurden mittels Fernrohren durch die Telegrafisten entgegengenommen und

Abendspaziergang auf dem Haarstrang
Unverstellte Weite

Bei gutem Wetter bin ich gerne abends noch auf dem Haarstrang unterwegs. Sowohl mit dem Fahrrad als auch bei einem Spaziergang kann man die Natur hier genießen. Mit dem Auto fährt man von Belecke Richtung Anröchte und biegt bei dem Truckstopp Külbe 99 links ab in den Feldweg. Dort parkt man das Auto bei der Zufahrt zum 2. Windrad auf der linken Seite und folgt dann zu Fuß auf dem Weg nach Westen und bleibt auf der Höhe des Haarstrangs. Bei gutem Wetter hat man von hier einen guten Rundumblick. Nach Norden fällt die Haar sanft ab und der Blick geht weit in die Soester Börde. Soest und Anröchte, Erwitte sind zu sehen. Im Sommer ist der Sonnenuntergang hier oben ein besonderes Erlebnis. Am 21. Juni zur Sommersonnenwende geht die Sonne hier um 21:55 Uhr unter.

Nach Süden fällt die Haar ins Möhnetal ab und dahinter folgt der Arnsberger Wald.

Der Weg überquert nach circa 400 Metern die Gleise der WLE (Westfälische Landes-Eisenbahn). Auf dieser Güterstrecke von Warstein nach Lippstadt werden im Wesentlichen Kalksteine aus den Warsteiner Steinbrüchen zu den Zementwerken nach Erwitte und Beckum geliefert. Seit einigen Jahren verfügt die Warsteiner Brauerei über einen eigenen Gleisanschluss und eine Container-Verladung. Deshalb sieht man gelegentlich auch Bierzüge auf der Strecke.

Etwa 500 Meter hinter dem Bahnübergang ist linker Hand eine kleine Baumgruppe zu sehen. Hier hat von 1832 bis 1849 ein Turm gestanden, der Teil der optischen Telegraphenlinie von Berlin nach Koblenz war.

Auf dem Hinweisschild sind der Aufbau und die Funktion der Telegraphenstation beschrieben. Wenige Meter weiter, an der Südseite der Baumgruppe, befindet sich eine Relaxbank. Hier kann man entspannt einige Zeit liegen und den Blick auf Belecke genießen. Von hier sieht man auch das Fertigungsgebäude 38 von Infineon, in dem unter anderem die Module für Elektromobile gefertigt werden. Der Arnsberger Wald bietet zur Zeit keinen so schönen Anblick, da die Trockenheit der letzten Jahre und der Borkenkäfer insbesondere den Fichten stark zugesetzt hat. Die Fichten sind gößtenteils abgestorben. Bleibt zu hoffen, dass der Wald bald wieder nachgepflanzt wird. Je nach Zeit und Lust kann man sich nun auf den Rückweg machen oder dem Haarweg noch weiter folgen. Das 360°-Panorama bleibt einem erhalten.

Andreas Schulz arbeitet seit 1996 an der elektrischen Entwicklung von Econo-Modulen in Warstein. Nach Feierabend fährt er gerne noch eine Runde mit dem Fahrrad und genießt die Natur auf der Haar.

Soester Allerheiligenkirmes
Europas größte Altstadtkirmes

Die Allerheiligenkirmes in Soest ist die größte Altstadtkirmes Europas und hat Kultstatus bis in weite Teile des Ruhrgebiets erreicht. Die Kirmes beginnt jedes Jahr am ersten Mittwoch nach Allerheiligen. Rund eine Million Besucher kommen an insgesamt fünf Kirmestagen in das Herz von Westfalen und tummeln sich auf circa 50.000 Quadratmetern mit 400 Schaustellern – kurz, eine Stadt steht Kopf.

Wie soll man jemandem, der noch nie dabei war, erklären, was unsere Kirmes so besonders macht? Menschen, die ganz dicht an Fachwerkhäusern vorbeifliegen … Bullenaugen, die köstlich schmecken … Soester, die fünf Tage lang ihr Bett nicht finden …
Das Besondere ist die von vielen als „heimelig" empfundene Atmosphäre der Kirmes zwischen Fachwerkhäusern und Kirchen: In Soest weiß man eben zu feiern.

Symbolfigur der Allerheiligenkirmes ist das Soester Jägerken – eine moderne Kunstfigur nach der literarischen Vorlage des Jägers von Soest in Grimmelshausens Roman „Der abenteuerliche Simplicissimus".
Was braucht man für einen Besuch der Allerheiligenkirmes?
Gutes Schuhwerk und Lauffreude, natürlich Kirmesbegeisterung, eine Vorliebe für Frischluft und ein wie auch immer gefestigtes Verhältnis zu Alkohol und Kalorienbomben sind durchaus von Vorteil.

André Wedi lebt in Soest und arbeitet seit 2014 bei Infineon. Seit 2020 als Projektleiter im Bereich High Power Modulentwicklung. Nach seiner Promotion an der WWU in Münster zog er nach Soest. Die Allerheiligen-Kirmes ist jedes Jahr wieder ein Highlight und immer mindestens einen Besuch wert.

Kurzurlaub direkt vor Ort

Im Tal der Biber unterwegs

Bei der Frage nach Freizeitaktivitäten zieht es mich und meine Familie immer wieder ins Bibertal. Schnell gelangt man von Warstein hierher – gelegen am Fuße der Stadt Rüthen – als Ausgangspunkt für unterschiedlichste Aktivitäten.

Im Bibertal findet man fast alles direkt in der Natur vor, was man für einen gemütlichen oder auch aktiven Feierabend oder am Wochenende braucht. Neben einem großen Wasserspielplatz, einem Freibad sowie Wander- und Radfahrwege bietet die Biber, die sich durch das gesamte Tal schlängelt, an heißen Tagen eine wohltuende Abkühlung.

Aber mal zum Anfang: Empfangen vom großen Holzbiber und dem Café Bibertal gelangt man direkt zum Biberbad, welches in den Sommermonaten ein beliebter Ort für erfrischende Freizeitgestaltung ist und mit Rutsche, Sprungbrettern und einem Beachvolleyballfeld einen Tag im Freibad sehr kurzweilig gestalten lässt. Wenn man nur mal kurz die Füße ins Wasser halten möchte, ist man ein paar hundert Meter weiter am Spielplatz mit direktem Wasserzugang richtig aufgehoben. Hier tummeln sich viele Familien, die den natürlichen Baumschatten zu schätzen wissen und die hoffen, dass die Kids am Abend nach dem Spielplatzbesuch mit Seilbahn, Klettergerüst und Rutschpartie oder nach einer kleinen Runde um den Biberteich müde sind. Es kann auch aktiver zugehen – nämlich über den Walderlebnispfad mit einer Strecke von 2,3 Kilometern und insgesamt 17 interaktiven Stationen zu den Themengebieten Wald, Wasser und Boden. Nicht nur lehrreich, sondern mit einigen Höhenmetern auch eine kleine Sporteinheit. Neben diesem Wanderweg gibt es viele weitere Routen über die Wanderwege des Naturparks „Arnsberger Wald". Auch für Radfahrer sind diese Wege natürlich nicht weniger interessant, gibt es doch immer mal wieder zwischen den Bäumen den einen oder anderen Trail, den man sehr gut mit einem Mountainbike befahren kann. Ein besonderes Highlight ist – für die Läufer unter uns – sicherlich auch der jährliche „Bergstadtmarathon", bei dem man sich auf Strecken von 10 Kilometern bis zur Marathondistanz messen kann. Immer wieder eine schöne Veranstaltung am Muttertag mit Start und Ziel direkt im Tal.

Es ist jedes Mal wieder ein gefühlter Ausstieg aus dem Alltag, wenn ich an einem der Parkplätze ankomme und mitten in der Natur bin – ohne Straßenlärm, umgeben von Natur, Bachplätschern und Vogelgezwitscher.

Zum Feierabend eine Runde Mountainbiken bedeutet für mich Freiheit. Mich am Nachmittag hier mit Freunden – mit oder ohne Kinder – zu treffen, bedeutet für mich Lebensqualität. Für mich ist das Bibertal ein absoluter Lieblingsplatz und ich verbringe hier unglaublich gerne meine Freizeit.

Anne Zumbansen lebt mit ihrer Familie in Suttrop und ist seit 2002 bei Infineon, vormals eupec GmbH, tätig. Das Bibertal kennt sie noch aus eigenen Kindertagen. Bei Aktivitäten mit ihrer Familie und Freunden in der Natur kann sie entspannen und das Leben genießen.

Hotel und Restaurant
Pilgrim-Haus
seit 1304
Ältester Gasthof Westfalens

Auch Soest liegt am Jakobsweg

Pilgrimhaus Soest – seit über 700 Jahren eine gute Adresse

Soest – eine attraktive mittelgroße Stadt abseits der Metropolen, dafür aber mit langer und bewegter Geschichte, auch als Hansestadt und als Durchreisestation für Pilger. Ein sichtbares Zeichen hierfür ist das Pilgrimhaus, das mit Abstand älteste Gasthaus in Westfalen. Gegründet 1304, bietet es seit über 700 Jahren seinen Gästen westfälische Küche und Übernachtunsmöglichkeiten.

Der Grundstein wurde bereits 1292 gelegt. In der Gründungsurkunde von 1304 wurde dann bestimmt, dass Wandernde und „durch die Felder Streifende“ Aufnahme und Bewirtung finden mussten. Heutzutage bildet solcherlei Klientel allerdings eher die Ausnahme. Gemeint waren damals vor allem Jakobspilger, die auf dem Weg nach Santiago de Compostela (Nordspanien) in Pilgerherbergen Station machten. Noch heute zeugen die Adresse „Jakobistraße“ und die direkt nebenan sichtbaren Überreste des mittelalterlichen Jakobitors (1180 erbaut) von dieser Historie. Die direkt angrenzende, gut erhaltene Stadtmauer ist begehbar und unbedingt einen Spaziergang wert, sowohl nord- als auch südwärts.

Im Mittelalter unterstand das Pilgrimhaus dem Kloster Paradiese westlich von Soest, ein Teil der Gebäude ist dort noch heute zu sehen. Das Kloster erlangte große Berühmtheit, da dort Grimmelshausens „Simplicius Simplicissimus“ in den Wirren des 30-jährigen Krieges zunächst als Diener eines Dragoners Aufnahme fand, bevor er in der Region als „Soester Jägerken“ durch zweifelhafte (Un-)Taten zu Ruhm und Geld kam. Da dieser mittelalterliche Schelm und Haudegen bisweilen auch am Jakobitor Schildwache gehalten hat, können wir fest davon ausgehen, dass er auch im Pilgrimhaus seinem aussschweifenden Lebenswandel gefrönt hat …

Heute geht es hier deutlich gesitteter zu: Im gemütlichen, individuell gestalteten Innenbereich und auch im kleinen Biergarten findet man gepflegte westfälische Gastlichkeit. Die Speisekarte bietet eine kleine, dafür aber feine Auswahl regionaler Küche, das Bier vom Fass kommt von Pott's oder Veltins (Dortmunder mögen es mit Fassung tragen …), man hat die Auswahl unter 60 Weinen, und zum Aufräumen des Magens werden auch einige Hausspezialitäten im handlichen 2cl-Format angeboten. Meterdicke Bruchsteinwände zeugen noch von der historischen Bausubstanz.
Und wer sich etwas genauer umschaut, wird in der Gaststube auch ein Originalgemälde von Udo Lindenberg entdecken. Inwieweit es bei seinem Lebenswandel Parallelen zum alten Simplicius gibt, bleibt der Phantasie jedes Einzelnen überlassen …

Arne Kohring, gebürtiger Kölner, ist Ende 2000 mit seiner Familie in den Kreis Soest gezogen und hier schnell heimisch geworden. Neben seiner Tätigkeit als Standort- und HPS-Leiter treibt er Sport (Tennis, Fitness), trifft sich gerne mit Familie und Freunden und genießt guten Wein und gutes Essen (auch im Pilgrimhaus).

Die Kreuzbergkapelle auf dem Loermund

Kleinod unter dem Schutz der Schützenbruderschaft St. Georg Sichtigvor 1833 e.V.

In Sichtigvor ragt der Arnsberger Wald mit einem „Loermund“ genannten Bergsporn in das Möhnetal hinein. Schon von Weitem fällt der Blick auf die Kapelle, die auf diesem Berg, im Volksmund auch „Kreuzberg“ oder „Kalvarienberg“ genannt, steht. Kürzlich wurde dieser wunderschöne Ortsteil auch „die Perle des Dorfes“ genannt. Und dieses ist er in meinen Augen auch. Immer wieder, wenn ich mich in meiner Heimat bewege, schaue ich zur Kapelle hoch und bekomme ein wohliges Gefühl. Regelmäßig zieht es mich und meine Familie auf den „Loermund“. Schon der Weg zum Plateau vor der Kapelle hat viel Geschichte und noch mehr zu bestaunen. Am Beginn des Kreuzweges befindet sich der sogenannte „Ölbergstunden Jesu“. An den Hinweistafeln findet man neuerdings QR-Codes, um die Geschichte auf dem Smartphone in Wort und Bild nähergebracht zu bekommen. Entlang des Kreuzweges laden Bänke und Plätze zum Verweilen ein. Das Gelände steigt von etwa 240 Höhenmetern bis zur Berghöhe auf 295 Meter an. Es lohnt sich, den etwa 500 Meter langen Anstieg bis zur Kapelle zu nehmen, denn vom Plateau vor der Kapelle hat man

einen ungehinderten Blick nach Westen. Das Panorama bietet links den Arnsberger Wald, in der Mitte die Talaue der Möhne mit den Ortschaften Allagen und Völlinghausen und rechts die wenig bewaldete und landwirtschaftlich intensiv genutzte Haarhöhe. Zwei Landschaftstypen grenzen hier aneinander, das rheinisch-westfälische Schiefergebirge im Süden und die norddeutsche Tiefebene. Hinter der Kapelle versteckt sich eine Ringwallanlage. Während die ältesten Spuren bis in die vorrömische Eisenzeit reichen, stammt der tiefe Halsgraben wohl aus späterer Zeit. Er diente als Schutz für eine mittelalterliche Burg. Die Aushubkegel sind deutlich sichtbar. Die aufstehenden Gebäude bestanden vermutlich aus Fachwerk. Bei Grabungsarbeiten um 1904 wurden nur wenige Zeitzeugnisse gefunden. Es handelt sich um Scherben, die in das Mittelalter zu datieren sind. Eine Materialanalyse weist in die Eifel als Ursprungsort. Aktenkundig wird die Wallburg erst um 1650 als „Lenemunter Schanze".

Mein absolutes Highlight an diesem Platz ist die jährliche Schützenmesse der Schützenbruderschaft St. Georg 1833 e.V. Sichtigvor. Ich engagiere mich als Major (2. Vorsitzender) und Vogelbauer in dieser Schützenbruderschaft, die ihr Hochfest immer an dem Wochenende des letzten Sonntages im Juli feiert.

Die historischen Anlagen und die Kapelle auf dem Loermund in Sichtigvor werden seit 1924 durch die Kapellenkommission gepflegt und erhalten. Die Kapellenkommission ist eine Unterabteilung der Schützenbruderschaft St. Georg Sichtigvor 1833 e.V.

Bernd Heinze ist ein gebürtiger Sichtigvorer, der nach seiner Lehre direkt zu Infineon (damals noch eupec) gewechselt ist. Hier hat er seit dem 01.01.2017 die Führung des Wartungsteams bei HD übernommen. Um den Kopf frei zu bekommen, nutzt er die wunderschönen Wanderwege in und um seinen Heimatort.

Stand-Up-Paddling auf dem Möhnesee

Wunderbare Panoramen auf dem „westfälischen Meer“

Der Möhnesee am nördlichen Rande des Sauerlandes ist gerade in den Sommermonaten ein Hauptziel für vielerlei Wassersportler aus der Region und auch darüber hinaus. Neben den etablierten Sportarten Rudern, Segeln und Windsurfen hat sich hier in den letzten Jahren auch zunehmend Stand-Up-Paddling (SUP) als beliebte Freizeitbeschäftigung angesiedelt.

Diese Art der Fortbewegung auf dem Wasser stammt, ähnlich wie auch das Surfen, ursprünglich aus dem pazifischen Raum und wurde von den dortigen Fischern ausgeübt. Heute ist sie nahezu auf allen Kontinenten im Breitensport angekommen und so gibt es auch am „westfälischen Meer“, wie der Möhnesee von den Einheimischen gerne genannt wird, inzwischen mehrere Möglichkeiten, Paddelboards vor Ort auszuleihen oder auch an einem Einsteigerkurs teilzunehmen. Neulinge können so diese in Europa noch relativ junge Sportart ausprobieren, wobei glücklicherweise die Einstiegshürden relativ gering sind. Auch im weiteren Verlauf bleibt Stand-Up-Paddling eine Aktivität, die jeder nach seinen Vorlieben ausüben kann. Ob sportlich agil oder entspannt erkundend, es

bleibt für alle Interessenlagen und eine weite Altersgruppe offen.

Interessierte sollten lediglich schwimmen können. Sobald man einmal mit Paddel und Board im Wasser ist, kann man zu Beginn nach und nach aus einer sitzenden über eine aufrecht kniende in die stehende Position kommen. So kann jeder in seinem oder ihrem eigenen Lerntempo das Gleichgewicht finden und in der Regel bereits nach einigen Minuten erste kurze Distanzen auf dem Wasser zurücklegen.

Die stehende und dadurch erhöhte Sichtposition auf dem Surfbrett erweist sich gegenüber beispielsweise einem Paddel- oder Ruderboot als besonderes Merkmal, ermöglicht sie doch eine erweiterte Übersicht. Zudem eignet sich das Board bei warmem Badewetter natürlich auch als Schwimminsel, was es für die ganze Familie inklusive Kindern interessant macht.

Am Möhnesee eignet sich das Stand-Up-Board wunderbar für eine Tour, die je nach Länge und eigenem Vermögen einige wunderschöne kleine Buchten, markante Punkte wie die Körbecker und Delecker Brücken, die neu entstandene Körbecker Seetreppe und natürlich die Möhnetalsperre, aus gebührendem Sicherheitsabstand, von der Seeseite aus einschließen kann. Im Sommer haben gerade die Abendstunden hier natürlich aufgrund ihres Lichtes und der Atmosphäre ihren besonderen Charme und eröffnen wunderbare Panoramen auf dem Wasser.

Bernd Zwintzscher lebt in Soest und arbeitet seit 2013 als Entwicklungsingenieur in der Testentwicklung von Infineon. In der warmen Jahreszeit genießt er gerne mit Freunden beim Stand-Up-Paddling den Sonnenuntergang über der Möhnetalsperre auf dem Wasser.

Focusrite

RESTAURANT

Leuchttürme der lokalen Kultur: Von-Scheibler'sches Haus & Kutscherhaus Iserlohn

Musik und Clubkultur hinter historischer Kulisse

Das klassizistische Von-Scheibler'sche Haus und das angrenzende Kutscherhaus in Iserlohn wurden 1773 vom wohlhabenden Tuchhändler Johann Rupe aus dem Abbruchmaterial der damaligen Stadtmauer im Stile des Spätbarocks errichtet und haben im Laufe der Geschichte viele Nutzungen erfahren, so unter anderem als Volksschule im 19. Jahrhundert und nach dem Zweiten Weltkrieg als Dienststelle unterschiedlicher Abteilungen der Stadtverwaltung.
Nach der Umgestaltung in den 1980er Jahren vollzog sich der Wechsel hin zu einer Wirkstätte für Kulturinstitutionen mit dem Kulturbüro der Stadt Iserlohn (zuständig unter anderem für das Parktheater Iserlohn) und der Städtischen Galerie, die bereits viele renommierte Künstler kuratieren und begrüßen durfte (unter anderem Elliot Erwitt, Henri Cartier-Bresson, Jim Brandenburg, Steve McCurry oder Dieter Nuhr).

Insbesondere das alte Kutscherhaus, das vormals als Wohnhaus und Remise für Pferde und Kutschen diente, hat heute eine besondere Bedeutung für mich. Seit 1990 ist hier der Förderverein Lokalfunk untergebracht, der als Radio Iserlohn Radiobeiträge von Bürgern für Bürger produziert. Seit 30 Jahren engagiere ich mich in Radiosendungen als Redakteur, Moderator und DJ, um die Menschen im Märkischen Kreis über Musik und Clubkultur aus den Bereichen House & Techno, Hip Hop, Funk & Soul, Nu Jazz und Chill Out zu informieren („Studio 78"). In Interviewmagazinen („Soundcheck") werden nationale und internationale Gäste porträtiert (unter anderem Harald Schmidt, Fanta 4, Sven Väth, The Prodigy) oder in einem kreativen Rahmen intuitiv-spontane, im Stand-Up-Stil gehaltene Interviewsituationen zu fiktiven Themen mit überraschenden Resultaten produziert („Lauschzone"), wobei Eindrücke aus unterschiedlichen Kultur- und Clubszenespots von meinen Fernreisen unter anderem nach Mexiko, Argentinien, Nepal, China, Japan, Ägypten oder Kenia als zusätzliche Quelle für mediale Beiträge dienen.

Beide Gebäude stellen mit ihren heutigen Institutionen Leuchttürme und eine besondere Bereicherung der lokalen Kultur sowie für mich als Kulturschaffenden und Kulturbegeisterten Sehnsuchtsorte in der Heimat des Märkischen Kreises dar.

Carsten Becker lebt in Iserlohn und arbeitet bei Infineon seit Juni 2020 als Commodity Manager für das Materialgebiet Kupfer im Strategischen Einkauf im Bereich HPS. In seiner Freizeit beschäftigt er sich schwerpunktmäßig mit Musik, er interessiert sich für Motorsport und fährt gern Sportwagen. Das Wandern in der heimischen Umgebung schafft einen ausgleichenden Ruhepol zu seinem sonstigen Aktivitätslevel. Er hat ein Faible für Süßigkeiten, die in seinem Lager verbrauchsorientiert mit ausreichendem Sicherheitsbestand immer zugriffsbereit bevorratet sind.

Wundervolle Wanderrouten um Balve

Die blaue Lagune von Menden

Balve ist eine Kleinstadt westlich des Sorpesees und gilt bei Einheimischen schon immer als Ausflugsziel mit wundervollen Wanderrouten. Die idyllische Gegend bietet Besuchern nicht nur Ruhe und Erholung, sondern auch abwechslungsreiche Sehenswürdigkeiten wie zum Beispiel Schlösser, Naturhöhlen, Seen und Wälder.
Besonders schön ist der Grubensee – von Einheimischen auch „die blaue Lagune von Menden" genannt.

Um dorthin zu gelangen, ist es am einfachsten, im Dorf Eisborn auf den kostenlosen Parkplatz an der Schützenhalle zu fahren. Von dort aus begibt man sich auf einen kleinen Spaziergang Richtung Westen. Der Weg führt durch den Steinbruch Asbeck, wo Kalkstein abgebaut wird. Hier ist zu beachten, dass das Betriebsgelände gelegentlich gesperrt ist, daher bietet sich eine Wanderung am Wochenende an. Nach kurzer Strecke gelangt man zu einer Aussichtsplattform. Von dieser kann man den wundervollen Anblick der blauen Magie genießen und in eine märchenhafte Welt eintauchen. Folgt man dem Wanderweg, gelangt man zum Ebberg-Turm und hat einen herrlichen Ausblick über die gesamte Region.

Um den Wandertag entspannt ausklingen zu lassen, gehört natürlich immer ein Eis dazu. Auf dem Rückweg kann man einen kleinen Bogen in die Stadt Neheim machen. Auf dem Marktplatz gibt es die Eisdiele „Cais" mit dem besten Spaghetti-Eis ever!

Chen Pan lebt in Werl und arbeitet seit 2019 im Bereich Produkt Marketing bei Infineon Technologies Bipolar. Das Wandern im Sauerland ist eine Leidenschaft, die sie mit ihren Arbeitskollegen gemeinsam entdeckt hat.

"You see what You know."
Hochwasserschutzanlage
Betreten im
Hochwasserfall
verboten,
sonst auf eigene Gefahr!

Von Soest ab in die Landschaft mit dem Fahrrad

Neue Soester Ansichten

Ich wohne nun schon seit 18 Jahren im schönen Soest und eigentlich sollte man meinen, dass man in dieser langen Zeit die Stadt und die Umgebung in- und auswendig kennt.

Ich war daher selbst überrascht, als ich während einer Radtour „ins Blaue" für mich neue Soester Ansichten entdeckte.

Die Tour beginnt zwischen dem örtlichen Mercedes-Händler und einem Autoteilezubehör-Handel. Dort eingebogen kann man nach leichter Steigung einen kleinen alten Friedhof entdecken. Wem das zu morbide ist, der lässt den Friedhof einfach links liegen und folgt dem Radweg rechts herum – ohne Steigung – und wird an der nächsten Gabelung bei schönem Wetter mit einer wunderbaren Aussicht auf Soest belohnt.

Wendet man den Blick, kann man einen ungewöhnlichen Blick in die Wolken schweifen und seiner Fantasie freien Lauf lassen.

Folgt man dann wieder der Steigung, sollte man für die nächste (für Soest) ungewöhnliche Ansicht am Ende der Straße rechts Richtung Deiringsen fahren. Ein wenig Entlastung für die Beine bietet sich, wenn man die nächste Möglichkeit (landwirtschaftliche Straße) rechts nimmt und dem Radweg wieder abwärts folgt. An der nächsten Gabelung geht es dann links weiter bis zur Straße und sodann wieder links Richtung Deiringsen. Kurz nach Ortseinfahrt kann man dann rechts abbiegen ins Wohngebiet. Am Ende der Straße biegt man dann links ab und folgt dem Radweg, um dann tatsächlich auf einem Deich zu landen. Hier kann man sehr schön auf einer der Bänke verweilen und das Wasser suchen.

Möchte man danach bequem zurück nach Soest, kann man dem Weg zunächst weiter folgen und danach an der Straße rechts Richtung Soest fahren. Da es hier keinen Radweg gibt, bietet es sich an, bei der zweiten Möglichkeit links abzubiegen (dort befindet sich eine Wasserschutzanlage). Wer nun nicht rasant abwärts über die Autobahn düsen möchte, sollte gute Bremsen haben – ansonsten kann man sich aber auch bis zur B1 rollen lassen. Wer genug hat, fährt wieder rechts in Richtung Soest Innenstadt. Wer noch mehr sehen möchte, fährt weiter in Richtung Paradiese …

Christine Bonk arbeitet seit zwölf Jahren bei Infineon und ist als Qualitätsingenieurin für die internen und externen Audits zuständig. In ihrer Freizeit fährt sie unter anderem gern mit dem Rad und genießt die schönen Ansichten in der Soester Börde.

Suerlänner Hof – die bekannte „Destillerie 1113"

900 Jahre großartige Tradition besonderer Brände

Die „Destillerie 1113" ist in Nehden, einem kleinen Ort in der Nähe von Brilon, angesiedelt. Sie befindet sich in einem alten Bauernhaus, dem „Suerlänner Hof" im Ortskern des Dorfes. Hier werden ganz besondere Geiste gebrannt, mit Früchten, die (überwiegend) aus der Sauerländer Heimat, dem Land der tausend Berge, oder der angrenzenden Soester Börde stammen. Es gibt dort zum Beispiel Brände aus Äpfeln, Birnen und aus verschiedenen Getreidesorten zu kaufen oder zu verkosten. Selbstverständlich nutzt die Destille frisches, sauberes, sauerländisches Quellwasser!

Wir haben die Destille für ein Team-Event gewählt, um unseren Nicht-Sauerländer Kollegen originelle Besonderheiten unserer Heimat näherzubringen. Der Betreiber, Edelbrandsommelier Thomas Fiedler, erklärte uns den gesamten Prozess, beginnend bei der Auswahl der biologisch angebauten Früchte bis zur Abfüllung in den originellen, grünen, achteckigen Flaschen.

Der Eingangsbereich ist sehr einfach, die alten Holzbalken und die Backsteinmauern vermitteln eine heimelige Atmosphäre. Zwei Geweihe, die an einer Wand aufgehangen sind, wurden von unseren Kollegen, die aus der halben Welt stammen, bestaunt. In einer alten Vitrine und einem alten Regal sind die Flaschen mit den Bränden und Likören aufgestellt, die die Destille anbietet. Auch diese Auswahl beeindruckte unsere Kollegen.

Im Speisesaal kann man sich gleich wie zu Hause fühlen. Man sitzt dort auf Lederbänken an langen, dicken Holztischen. Der solide-behagliche Tresen, an dem man die Brände probieren kann, führt direkt zu den offenen Räumen, in denen die Kupferkessel stehen, die zum Brennen und Destillieren genutzt werden. Hier erklärte uns Herr Fiedler den Prozess und die Geschichte der Destillerie. Der Name der

Destillerie, 1113, weist auf das Jahr hin, als hier zum ersten Mal gebrannt worden ist – also vor über 900 Jahren. Seit 2013 werden hier wieder Brände in kleinen Mengen hergestellt. Man kann in der Destille aber nicht nur Alkoholika probieren und genießen, sondern auch zu Abend essen. Dabei kann man sich, wie in einem normalen Restaurant, eine Mahlzeit bestellen, allerdings auch – nach vorheriger Absprache – ein Kochevent veranstalten: Dabei entscheidet man sich bei der Absprache für eine Richtung (zum Beispiel: eine Weihnachtsgans, asiatisch, mexikanisch, mit oder ohne Fleisch oder Fisch, oder wie man gerade mag). Dann kocht man zusammen mit einem der Köche des Briloner Restaurants Jägerhof zusammen und kann dabei neue, leckere und interessante Rezepte kennenlernen. Wir hatten uns für das Kochevent entschieden, wurden dann aber aus Zeitgründen doch bekocht. Während des Essens konnten wir den Destille-Vorgang mit beobachten, wir stellten viele Fragen, die uns der Betreiber auch gerne beantwortete. So lernten wir die einzelnen Schritte des Brennens kennen, die handwerklichen Arbeiten für die Herstellung der verschiedenen Sorten, die richtige Mixtur aus Früchten und Wasser, die kritischen Schritte und Merkmale des gesamten Vorganges, die beobachtet werden müssen, um eine höchstmögliche Qualität der Brände zu erreichen.

Die „Destille 1113“ ist ein schöner Platz, um Kollegen, Freunden und Zugereisten das Sauerland ein kleines Stück näherzubringen – und sich vielleicht ein Erinnerungsstück zwischen 18 – 38 Prozent mitzunehmen.

Christoph Kuhnhenne ist geboren und aufgewachsen in Brilon. Beruflich war der Manufacturing Execution System (MES)-Spezialist viele Jahre in Deutschland unterwegs und ist vor zwei Jahren in seine Heimat zurückgekehrt. Nun lernt er mit Infineon seine Heimat neu kennen!

Haus Opherdicke in Holzwickede

Natur und Kultur am Rande des Ruhrgebietes

Die Beschreibung dieses Ortes auf der Homepage des Kreises Unna ist sehr sachlich: „Haus Opherdicke zählt zu den schönsten Baudenkmälern der Region. Die Grundmauern des kreiseigenen Gutes gehen auf das 12. Jahrhundert zurück. Seine heutige Gestalt erhielt der von einer Gräfte umschlossene ehemalige Herrensitz in der zweiten Hälfte des 17. Jahrhunderts."

Also ein Ort mit langer Geschichte, aber was macht es zu einem Lieblingsort? Vielleicht die Architektur? Das Haus Opherdicke ist nämlich ein kleines Wasserschloss – die gesamte Anlage umfasst als ehemaliges Rittergut auch noch vielfältig genutzte historische Nebengebäude und einen in 2017 fertiggestellten 30.000 qm großen Skulpturenpark.

Oder die schöne Lage? Es liegt etwas außerhalb des Holzwickeder Ortsteiles Opherdicke, auf dem Kamm des Ardeygebirges, wobei „Gebirge" eine freundliche Übertreibung ist, denn 273,8 Meter ist die höchste Erhebung.

Der Blick in das Ruhrtal vom Haus Opherdicke aus ist malerisch. Deshalb ist es ein Treffpunkt für viele Fotofreunde und ein toller Ausgangspunkt für Wanderungen und Radtouren. Im Schloss selbst befindet sich ein sehr schönes Bistro, Highlight ist die Terrasse über dem Wassergraben. Dort im Angebot sind leckerer Kuchen, aber auch herzhafte warme und kalte Kleinigkeiten. Also ideal, um nach einer Wanderung oder Radtour eine Pause einzulegen.

Im ersten Obergeschoss gibt es ein Museum mit wechselnden Ausstellungen. Werke von Edgar Emde, Max Beckmann und Käthe Kollwitz waren schon dort zu sehen. Auch die Musik kommt nicht zu kurz. Klassik, Jazz, Swing, Blues, Irish Folk – ein bunt wechselndes Programm verteilt über das ganze Jahr.

Ebenfalls werden viele weitere interessante Events dort abgehalten, wie das traditionelle Osterfeuer vor historischer Kulisse mit anschließender Party in der Scheune des Anwesens oder die Haarstrang Klassik, eine Oldtimerausfahrt, die mit zum Teil über 80-jährigen Fahrzeugen beeindruckt.

Aber was fehlt noch, um es zu einem wirklichen Lieblingsort zu machen? Das sind die persönlichen Erinnerungen an die Feiern im Brauhaus oder der Scheune des Anwesens, die Trauungen im historischen Kaminzimmer oder die Hochzeitsfeiern im wunderschönen Spiegelsaal. All diese Räumlichkeiten des Schlosses kann man nämlich für private Feiern mieten.

Damit definitiv ein Lieblingsort – der Besuch lohnt sich!
Das aktuelle Programm und alle weiteren Informationen unter www.kreis-unna.de.

Christoph Strunk lebt in Holzwickede und arbeitet seit 2012 als Account Manager bei Infineon in Warstein. Aus seiner Sicht bieten Ruhrgebiet und Sauerland viele schöne und interessante Orte – fast vor der eigenen Haustür.

Wandern im Rothaargebirge

Einmal Bruchhauser Steine und zurück

Wo liegt das Sauerland? Vor einigen Jahren hatte ich noch keine klare Vorstellung hiervon. Genau genommen bis vor zwei Jahren, als ich für eine Anstellung bei Infineon aus Niedersachsen nach Nordrhein-Westfalen gezogen bin. Schnell lernte ich nette Kollegen und einige schöne Plätze rund um meinen Wohnort Soest kennen. Die umliegende Natur erkundete ich jedoch kaum. Dies änderte sich durch das Corona-Virus. Wandern bot die Möglichkeit, ohne Menschenmengen etwas zu unternehmen und in Bewegung zu bleiben. Ein besonders schönes Ausflugsziel sind die Bruchhauser Steine, circa 25 Kilometer südöstlich von Warstein. Dabei handelt es sich um große Vulkanfelsen im Rothaargebirge, insbesondere um den Goldstein, Bornstein, Feldstein und Ravenstein. Diese ragen mit bis zu 92 Metern Höhe aus dem Boden. Der Feldstein ist als Einziger frei begehbar und kommt mit 45 Metern Höhe auf 756 Meter über Normalnull (NN). Hier bietet sich ein weiter Panoramablick über das umliegende Naturschutzgebiet. Eine Aussicht, wegen der ich bei meinem ersten Besuch meine Planung über Bord warf und mich für den Rest des Tages in eine kleine, mehr oder weniger bequeme Steinkuhle gelegt habe. Um mich herum die langsam untergehende Sonne und einige eifrige Fotografen mit Handy, Fotoapparat oder Drohne. Der Aufstieg wird durch Stufen und ein Geländer erleichtert. Es gibt viele überwiegend naturbelassene Wege, die an die Bruchhauser Steine angrenzen. Die Felsen lassen sich daher gut mit einer Tageswanderung kombinieren. Über einen vier Kilometer langen Pfad Richtung Osten erreicht man den Schmala-Stausee. Eine idyllische, jedoch leider nicht zum Schwimmen freigegebene Talsperre. Circa sieben Kilometer südlich der Steine liegt der höchste Berg in Nordrhein-Westfalen, der Langenberg.

Unter den vielen Wandergebieten im Sauerland gefällt mir dieses besonders, weil sich die Strecke je nach Ausdauer beliebig verlängern lässt. Zudem gibt es für Anfänger geeignete Wege und eine ordentliche Anbindung. Zugfahrern bietet sich vom Bahnhof Brilon Wald ein rund sieben Kilometer langer Aufstieg. Die Hürden einer Wanderung sind somit gering, egal ob allein oder in einer Gruppe. Gleichzeitig belohnt eine schöne Sicht vom Feldstein für die Mühen. Ich kann die Bruchhauser Steine nur empfehlen und vielleicht sieht man sich dort.
Frohes Wandern!

Clemens Fischer lebt in Soest und arbeitet seit 2018 als Lieferantenmanager bei Infineon. Durch das Wandern lernt er die Region kennen und treibt Sport.

Rast an der Möhne: Sonnenbaden in Niederbergheim

Ein Baumstamm zum Träumen

[Dialog in der Cafébar, Gebäude 37]:

Jutta: „Hallo Conny."

Conny: „Hallo Jutta. Wie gefällt es dir in deiner Ferienwohnung und in Niederbergheim?"

Jutta: „Die Wohnung ist sehr gemütlich und ich habe gestern Abend bei einem Spaziergang entlang der alten Bahntrasse an der Möhne einen ganz tollen Platz entdeckt … einen liegenden Baumstamm, von dem aus man eine super Aussicht hat!"

Conny: „Ich weiß genau, welche Stelle du meinst. Die kenne ich nämlich auch! Du läufst ungefähr zehn Minuten von Niederbergheim in Richtung Westen – zum Möhnesee hin und dann kommt diese kleine Biegung der Möhne mit dem Baum als Sitzplatz. Das Ufer ist dort renaturiert und es hat schon was von Naherholungsgebiet."

Jutta: „Gegen Abend kann man dort noch lange die Sonne genießen; die Möhne lädt zu einem kleinen Fußbad ein und es ist ein schöner Platz für ein Picknick."

So bemerkten wir, dass wir beide denselben Lieblingsort haben und daraus entstand die Idee, gemeinsam einen Beitrag für das Buch „Lieblingsorte" zum 75. Jubiläum von Infineon Warstein zu gestalten.

Wir wünschen allen Leserinnen und Lesern viel Freude beim Entdecken dieses stimmungsvollen und romantischen Fleckchens Natur. Setzen Sie sich auf den Baumstamm, schließen Sie die Augen und lauschen Sie dem Plätschern der Möhne. Es ist frappierend, wie leicht Sie in einen Zustand der Ruhe und Gelassenheit kommen! Genießen Sie eine Erfrischung in der kalten Möhne, winken Sie vorbeifahrenden Radlern und schauen Kindern beim Spielen zu. Es ist herrlich! Und wenn Ihr persönlicher „Sonnentank" gut gefüllt ist und Sie Lust auf noch mehr Natur und Wasser haben, setzen Sie Ihren Weg Richtung Möhnesee fort.

Viel Spaß dabei wünschen Conny und Jutta!

Conny Rose (seit 2017) und Jutta Kreye (seit 2020) arbeiten gemeinsam im Gesundheitsteam am Standort Warstein. Unabhängig voneinander fanden sie diesen entspannten Ort zum Sonnetanken nach Feierabend.

Rund um Kallenhardt

Lauf-/Mountainbike- und Wanderstrecke für Anfänger und Fortgeschrittene

Eine meiner Lieblingslaufstrecken führt um mein Heimatdorf Kallenhardt. Die Strecke ist circa 15 km lang mit einem Anstieg von 310 m. Die Strecke kann auch prima als Mountainbike- oder Wanderstrecke genutzt werden. Ich mag den Weg, weil er landschaftlich sehr schön und vielfältig ist. Besonders mag ich die Stimmung in den frühen Morgenstunden.

Start- und Zielpunkt ist die St. Clemenskirche (410 Meter) mit dem Westturm aus dem 13. Jahrhundert. Von hier aus hat man einen wunderbaren Weitblick auf die umliegende Landschaft.

Von der Kirche aus geht die Kirchstraße Richtung Hotel Knippschild bergab. Auf dem Weg „In der Günne" liegt rechter Hand die Sauerländer Edelbrennerei. Das Gebäude der Brennerei wurde wunderschön aus einer alten Sägewerkruine rekonstruiert. Dem Weg geradeaus folgend, wird der Ort in südlicher Richtung durch die Feldflur verlassen. Am Ende des Weges geht es links in den Wald Richtung Freizeitgelände „Warsteiner Bikepark" am Rabennest. Hier gibt es die Möglichkeit zu biken, Disc Golf zu spielen oder in der Hütte einzukehren.

Der Weg führt dann in Richtung Kallenhardt – Heide. Hier angekommen, verläuft der Weg parallel zum Bachlauf des Schlagwassers in Richtung Kalvarienberg. Vorbei am Campingplatz und der Siechenkapelle. Der Aufstieg zum Kalvarienberg (Höhe 434 Meter) ist recht sportlich. Oben angekommen, wird man mit einem wunderbaren Ausblick auf Kallenhardt belohnt. Das war nicht immer so. Leider sind die Fichten an diesem Berg ein Opfer des Borkenkäfers geworden. Eine Folge der Trockenheit und des Klimawandels.

Die nächste Etappe führt zum „Eulenspiegel". Vorbei am Pfadfinderlager mit dem modernen Kapellenbau. Von hier hat man einen Panoramablick auf Rüthen. Weiter geht es durch die Feldflur entlang des Waldrandes mit wunderschönen Fernblicken. Am oberen Rand des Biesenbergs gibt es eine Möglichkeit Rast zu machen und das Panorama durch einen überdimensionalen Bilderrahmen zu betrachten. Talabwärts geht es von hier aus durch einen alten Laubwaldbestand Richtung Schloss Körtlinghausen (erbaut 1714). Das Hauptgebäude des Schlosses kann man für Events und Feierlichkeiten mieten. Auf dem dazugehörigen Gut wird Biolandwirtschaft betrieben.

Die Orientierung ist auf dem gesamten Weg nicht schwer. Der beschriebene Weg gehört zum Drei-Klang-Pilgerwegenetz um Kallenhardt und ist gut als „Auszeitweg" markiert (viereckiges Blaues Schild). Wer möchte, kann an den am Pilgerweg aufgestellten Stationen haltmachen und die dort ausgehängten besinnlichen Texte lesen.

Von Körtlinghausen geht es wieder bergauf Richtung Kallenhardt. Oben angekommen, kann man sich im örtlichen Wirtshaus mit einem Kaltgetränk aus regionaler Produktion belohnen und die Tour ausklingen lassen.

Daniel Aust lebt in Kallenhardt und arbeitet seit 1997 bei Infineon, vormals eupec GmbH. Beim Laufen, Biken oder Wandern, alleine oder mit Familie, kann er entspannen und die Natur genießen.

Hellinghäuser Mersch bei Lippstadt

Naturlandschaft vor der Haustür

Ich stelle hier meinen Lieblingsort, die Lippeauen, insbesondere die Hellinghäuser Mersch bei Lippstadt, vor. Ich bin dort sehr gerne alleine oder mit meiner Familie (meiner Frau und meinen beiden Jungs) mit dem Fahrrad unterwegs.

Wir finden diesen Ort so toll, weil es sich sofort wie Urlaub anfühlt. Es führt ein schöner Radweg an den vor Jahren renaturierten Lippeauen vorbei. Die Lippe ist also zurück in ihrem natürlichen Flussbett und bietet uns immer allerlei Tiere und Pflanzen zu bestaunen. Zahlreiche Wasservögel sind dort zu sehen, darunter auch mehrere Storchenpaare, die in der Hellinghäuser Mersch Jahr für Jahr brüten. Zusätzlich kann man Heckrinder, Taurusrinder (Abkömmlinge des Auerochsen) und Wildpferde beim Grasen beobachten. Mehrere Aussichtsplattformen entlang der Fahrrad- und Wanderwege laden dazu ein, die Natur zu beobachten und zu genießen. Besonders zur Brut- und Nistzeit des Weißstorchs werden diese Plattformen ausgiebig genutzt.

Für Besucher der Auenlandschaft gibt es unterschiedliche Angebote, die neu geschaffene Wildnis auf Wander- und Fahrradwegen zu erleben. Ein schöner Rundweg führt beispielsweise von Lippstadt aus in Richtung Hellinghausen, Benninghausen, dann über Cappel wieder zurück nach Lippstadt. Teilweise läuft/fährt man hier direkt entlang der Lippe und kann die durch die Renaturierungsaktivi-

täten entstandenen Steilabbrüche, Flachwasserzonen und Sandbänke begutachten.

Auch die Liebhaber des guten Geschmacks kommen nicht zu kurz. Mehrere gutbürgerliche Restaurants entlang des Radweges, teilweise auch mit Spielplatz für die Kleinen, laden zum Verweilen im Biergarten oder Inneren ein. Egal ob nur für ein Erfrischungsgetränk, Kaffee und Kuchen oder bei einer guten Mahlzeit …

Ein besonderes Erlebnis verspricht jedoch eine Kanu- oder Kajaktour auf der Lippe von Lippstadt nach Benninghausen, bei der man die Landschaft aus einem ganz anderen Blickwinkel erkunden kann.

Regelmäßig fahre ich mit meiner Familie dorthin, um auch den Wandel im Laufe des Jahres mit meinen Kindern zu beobachten. Aber auch an einem speziellen Tag im Jahr bin ich regelmäßig dort, nämlich am Vatertag. Dann ist jedoch weniger die Natur als die Gastronomie der Gegend das Ziel bei der Tour meiner Nachbarschaft mit zwölf Vätern und 29 Kindern …

Viel Spaß beim Kennenlernen der Hellinghäuser Mersch wünscht Daniel Lenze!

Daniel Lenze ist gebürtiger Allagener und zog 2011 nach beruflicher Zeit in Ostwestfalen wieder heimatnah nach Lippstadt. Das war auch der Startpunkt für seine Zeit bei Infineon, wo er seitdem als Technologiebereichsleiter in der Hybrid Drive Linie tätig ist.

Die Aussichtsplattform „Skywalk“

Einzigartiger Panoramablick ins Möhnetal

Der Ausblick ist gigantisch! Es gibt drei Naturphänomene, die hier aufeinandertreffen:

- Ackerlandschaft mit Vogelschutzgebiet
- Wiesengeprägte Fluss- und Grünlandschaft
- Waldlandschaft mit Blick in das Hochsauerland beziehungsweise Grenze zum Arnsberger Wald

Am Nordrand des Möhnetals zwischen Warstein-Allagen und Warstein Niederbergheim verläuft diese Naturraumgrenze, die aufgrund des Tal-Steilhangs besonders markant ausgeprägt ist.

Die Stahlkonstruktion des Skywalks ragt 30 Meter über einen Steilhang hinaus und ermöglicht dem Besucher einen grandiosen Rundumblick. Solch ein Betrachtungswinkel ist einzigartig in der Umgebung und macht diesen Ort zu einem Lieblingsplatz!

Ab Herbst 2020 führen drei Wanderwege und ein Radweg zu der neuen Attraktion.

www.sauerland.com/Media/Attraktionen/Skywalk-Moehnetal

Dirk Bendrin lebt seit 2001 in Warstein-Allagen. Als Leiter der Maintenance bei der Infineon Technologies Bipolar stellt er mit seinem Team unter anderem die notwendigen Wartungsaktivitäten für das Chip Processing sicher. Beim „Skywalk“ kann er die Zeit auch mal vorbeiziehen lassen.

Das größte Fußballstadion Deutschlands – Der Signal-Iduna-Park

Einundachtzigtausend-dreihundertfünfundsechzig

Es ist Samstag, etwa 10:00 Uhr an einem sonnigen Tag. Meine Frau, meine Tochter und ich bereiten uns vor. Gelbes Trikot, schwattgelber Schal, bequeme Schuhe und ein letzter Blick auf die begehrten Heimtickets – heute wird „getempelt“. So nennen die Anhänger der Borussia aus Dortmund es, wenn sie in ihr Westfalenstadion fahren, liebevoll „der Tempel“ genannt.

Die Eurobahn RB59 bringt uns direkt bis an das Stadion. Beim Aussteigen beginnt bereits die Vorfreude, der Geruch von frisch gegrillter Bratwurst, Tausende von Menschen singen die gleichen Lieder, lachen, stehen zusammen und freuen sich auf ihre „Gelbe Wand“, welche mit 25.000 Fans die größte Stehplatztribüne Europas ist.

Je näher der Anpfiff kommt ,desto mehr steigen die Spannung, die Aufregung, das Herzklopfen.

Eine Stunde vor Anpfiff ist es dann so weit: Mit ein wenig Ehrfurcht betritt man die extrem steile Tribüne und schaut ins weite Rund. Die Plätze füllen sich nach und nach und die Fahnen der Fan-Clubs werden geschwenkt.

Zehn Minuten vor Anpfiff erreicht die Spannung ihren Höhepunkt. Die ersten Takte der Vereinshymne „You‘ll never walk alone“ erklingen und das Stadion wird das erste Mal an diesem Tag richtig laut. Jeder, der schwarz-gelb im Herzen trägt, singt aus voller Überzeugung und so laut er kann mit.

Mit dem kurz darauffolgenden lang ersehnten Anstoß geht es endlich los und 80.000 Menschen feuern ihren BVB bedingungslos an. Es wird jede Szene auf dem Spielfeld mit Jubel oder gellenden Pfiffen kommentiert. Nach 45 Minuten leeren sich die Tribünen schlagartig mit dem Halbzeitpfiff. Die Menschen stürmen die Stadion-Kioske und decken sich mit Essen und Trinken für den zweiten Akt ein. In den langen Warteschlangen wird die erste Halbzeit noch einmal reflektiert und kontrovers diskutiert.

Nach 15 Minuten geht es bereits mit Halbzeit zwei weiter und die Lautstärke nimmt schlagartig wieder zu. Zum Ende des Spiels merkt man langsam, wie die eigene Stimme immer mal wieder versagt. Abpfiff … Sieg … Bereit machen zum gemeinsamen Jubel mit der Mannschaft. Langsam formatieren sich die Spieler vor der „Gelben Wand“ und starten eine Laola-Welle, die von 25.000 Menschen begeistert aufgenommen wird.

Diese gemeinsame Geste läutet leider auch immer das Ende eines solchen Tages ein.

Das Stadion leert sich überraschend schnell und die Menschen begeben sich, meist heiser, aber glücklich, auf den Weg nach Hause.

Aus diesem Grund ist der Signal-Iduna-Park mein liebster Ort. Hier liegen Freud und Leid dicht beieinander und die Menschen sind alle gleich, ob arm oder reich, jung oder alt.

Dirk Swoboda lebt im beschaulichen Allagen und ist bereits seit 2002 bei der Infineon AG in Warstein. In seiner Verantwortung liegt die Leitung der Fertigungsbereiche Chip Soldering, Wire Bonding and Pre Testing in der Hybrid Linie. Wandern und die Ruhe beim Angeln geben ihm den nötigen Ausgleich.

Aus Stahl geboren: Der Dortmunder Phoenix-See

Hier treffen Natur und Hochöfen aufeinander

Stahl, Kohle und Bier sind vermutlich die ersten Dinge, an die man bei der Stadt Dortmund denkt. Ein wunderbares Beispiel dafür, dass dieses Bild veraltet ist, ist mein Lieblingsort: der Dortmunder Phoenix-See.

Der See zeigt sich seinen Besuchern in ganz unterschiedlicher Weise. Manche kommen, um sich zu erholen und mit einem Eis um den See zu schlendern. Andere nutzen die schöne, naturnahe Umgebung mit Ausblick auf die ehemaligen Hochöfen um Phoenix-West zum Joggen und Inlineskaten. Im Sommer treffen sich hier Sportgruppen zum gemeinsamen Yoga auf dem Pier, umgeben vom Plätschern des Wassers und Rauschen des Schilfs. Und wieder andere kommen hierher, um den Abend bei einem leckeren Essen am Ufer des Sees ausklingen zu lassen. Durch seine mittlere Tiefe von 2,8 Metern ist der See für Segler und Wassersportler bestens geeignet, auch der Verleih von Tret- und Ruderbooten wird angeboten. Für mich verbindet der See all diese Aspekte und ist daher mein aktueller Lieblingsort.

Nur wenige Minuten von meiner Wohnung in der Altstadt von Dortmund-Hörde entfernt, liegt der See im Südosten Dortmunds auf dem ehemaligen Gelände der Hermannshütte. Wo von 1841 bis 2001 noch Roheisen zu Stahl verarbeitet wurde, hat sich heute die Emscher ihren ursprünglichen Verlauf zurückerobert. Nur noch die Thomasbirne auf der Kulturinsel am Rande des Sees erinnert an diese Zeit. Die restlichen Teile des Stahlwerks wurden zuvor demontiert, nach China überführt und dort wieder in Betrieb genommen. Die in der Ära der Stahlwerke in das ehemalige Emschertal eingebrachten Materialien wurden hierbei ausgehoben und bilden zum Teil heute den „Kaiserberg" am Ostende des Sees. Das so geschaffene Becken speichert 600.000 Kubikmeter Regenwasser und dient hierdurch dem Hochwasserschutz der früheren Sumpfregion Hörde. Als Naherholungsgebiet hat der Phoenix-See die Lebensqualität im Stadtteil deutlich erhöht, vielen Firmen einen attraktiven Standort geboten und so Arbeitsplätze und Wohnraum in der Region geschaffen. Über die Jahre wurde er zum Besuchermagnet und zieht jedes Jahr zehntausende Anwohner und Touristen an. Der See zeigt damit beispielhaft den Strukturwandel der Stadt.

Ich nutze den See gerne zur Erholung bei einem abendlichen Spaziergang oder umrunde ihn bei einer kleineren Joggingrunde. Besonders empfehlen kann ich, es sich mit einem Kaffee vom Coffee-Bike im Südosten des Sees auf einem der Piers gemütlich zu machen und die Segelboote oder den Sonnenuntergang über dem Wasser zu beobachten. Bei einem Ausflug nach Dortmund ist der Phoenix-See definitiv einen Besuch wert.

Die grüne Oase des Phoenix-Sees erinnert ihn an den Hennesee in seiner Heimatstadt Meschede. Dr. Felix Spitzer lebt in Dortmund und arbeitet seit 2019 als Project Assistant to Head of Operations bei Infineon.

Fans und Sportler aus aller Welt kommen zum Skispringen nach Willingen

„Zieehh …" – mit 120 km/h auf den Steilhang

Mein Lieblingsplatz ist die Mühlenkopfschanze in meiner Heimat in Willingen, auf der seit 1995 jährlich im Winter das Weltcup-Skispringen ausgetragen wird und die außerdem zu jeder Jahreszeit ein schönes Ausflugsziel für Wanderer, Mountainbiker und Sportinteressierte ist. Aber zurück zum Skisprung-Weltcup im Upland, dem Höhepunkt des ganzen Jahres, zu dem Fans und Sportler aus der ganzen Welt nach Willingen reisen, um sportliche Höchstleistungen zu erbringen und die einmalige Atmosphäre zu genießen.
Es herrscht Gänsehautstimmung, wenn die besten „Adler" der Welt am Anlauf starten und in weniger als vier Sekunden von 0 auf 100 km/h beschleunigen, um den über 23.000 Zuschauern im Stadion in die Arme zu springen. Mit bis zu 120 km/h landen sie dann nur etwa fünf Meter neben den Tribünen am Steilhang und man spürt den Luftzug regelrecht – sehenswert und beeindruckend. Auf der größten Großschanze der Welt sind dabei Weiten bis über 150 Meter möglich – um diese zu erreichen, muss aber vieles zusammenspielen: Eine herausragende sportliche Tagesform der Springer, gute Thermik, ein lautes „Zieehh" aus den Kehlen der Fans und natürlich eine einwandfrei präparierte Schanze.
Die „Free Willis", über 1000 freiwillige Helfer aus Willingen und der Umgebung, sorgen dafür, dass dieses Event jährlich stattfinden kann. Als einer von drei Stadionsprechern darf ich mich ebenfalls als „Free Willi" bezeichnen und ich fiebere als ehemaliger Biathlet extrem mit, wenn es beim Kampf um den Tagessieg oder die Gesamtwertung richtig eng wird.

Besonders viel Spaß macht es, mit anderen „Free Willis“ und Freunden zusammenzuarbeiten. Dazu zählen auch die Kollegen von Infineon in Warstein: Carsten Schneider, der sich speziell bei HPS mit Qualitätsthemen seiner High-Power-Produkte befasst, sorgt für die Verpflegung der vielen Tausend Zuschauer. Wenn es am Weltcup-Wochenende morgens in der Früh zur Schanze geht, packt er gleich seinen Nachbarn Gunnar Schennen ein, der im Bereich „Factory Integration“ arbeitet. Seine Erfahrung aus dem Job kann er an der Schanze gut einbringen, indem er sich um das Ticket-System kümmert. Unterstützt wird er dabei von seinem Kollegen Thomas Schmidt, mit dem er nicht nur als „Free Willi“ Seite an Seite arbeitet, sondern auch im Bereich „Factory Integration“. Thomas Schmidt lebt im benachbarten Niedersfeld und wandert jedes Jahr mit seinem Team über die „Hochheide“, um an der Mühlenkopfschanze dabei zu sein. Für die nötige Sicherheit ist natürlich ebenfalls gesorgt: Jens Figge aus dem Team der Produkttechnik unterstützt als „Free Willi“ für die Freiwillige Feuerwehr Diemelsee die Willinger Kollegen.

Viele andere „Infinianer“ sind als Stammgäste an der Schanze und bringen immer wieder neue Kollegen und Freunde mit. Besonders begeistert von diesem Sport ist auch Magdalena Kotek aus der Personalabteilung, die im Winter fast kein Skispringen verpasst. In ihrer Brust schlagen gleich zwei Herzen, eins für das polnische und das andere für das deutsche Team.
Nicht nur im Winter ist die Schanze ein Highlight in der Region, auch im Sommer ist sie für Ausflüge aller Art immer eine Reise wert.

Gunnar Puk, Director im Quality Engineering, lebt zur Zeit in Dortmund, verbringt aber immer noch viel Zeit in seiner Heimat Willingen. Seit 2008 kümmert er sich um Qualitätsthemen am Standort Warstein.

Jahrhunderthalle Bochum mit Westpark

Industriedenkmal. Kulturkathedrale. Reiseziel

Graue Häuserschluchten, Smogalarm, rostige Industrieruinen, überfüllte Autobahnen? Einst geprägt von Kohle und Stahl, zählt das Ruhrgebiet heute zu einer ganz besonderen Kulturregion. Sie bietet eindrucksvolle Industriedenkmäler, Museen, Parks und zahlreiche Kulturevents – wie zum Beispiel die Jahrhunderthalle Bochum mit Westpark.

Für Liebhaber alter Industriebauwerke ist der Besuch der Anlage ein Muss. Kaum zu glauben, dass hier 160 Jahre lang Stahlprodukte hergestellt wurden – von der Kirchenglocke über die Kanonenproduktion bis zum ICE-Radreifen.

Aber nicht nur die Industriekultur ist eine Besichtigung wert, auch der Westpark ist ein sehr schöner Ausflugsort für die ganze Familie. Der etwa ein Kilometer lange Rundweg führt um das 10 m tiefer gelegene Zentrum mit der umgebauten Jahrhunderthalle. Es geht über Brückenkonstruktionen, vorbei an steil abfallenden Böschungen oder Stützmauern, durch die lichten Birkenwälder der „Industrie-natur". Eltern können hier die tolle Aussicht genießen – die Kinder können sich mit ihrem BMX/MTB austoben. Im Anschluss gibt es dann natürlich für jeden noch eine ordentliche Portion Currywurst, bevor die Heimreise angetreten wird.

https://www.ruhrgebiet-industriekultur.de/westpark.htmlt Westpark

Heike Schreiber lebt mit ihrer Familie ländlich zwischen Warstein und Möhnesee. Seit 2019 ist sie Personalleiterin bei der Infineon Technologies Bipolar und wurde mit Beginn des Geschäftsjahres 2020/21 in die Betriebsleitung berufen.

Das Anröchter Steinmuseum

Wichtige politische Entscheidungen werden auf Anröchter Boden getroffen

Vor circa 90 Millionen Jahren befand sich der Küstenbereich eines Meeres in der hiesigen Gegend. Mit der Zeit verfestigte sich der aus Sedimenten bestehende Meeresboden – mitsamt einer Vielzahl abgestorbener Tiere und Pflanzen – zu Stein. Dabei muss man von einem ganzen Schichtenpaket sprechen. Neben den zahlreichen meist weiß-grauen Kalksteinschichten zeigen zwei jeweils etwa 1 Meter starke Schichten faszinierende Farbtöne: blau und grün. Verantwortlich dafür ist ein Mineral namens Glaukonit.

Seit dem Mittelalter prägt der Steinabbau die Gegend um Anröchte. Über einen Zeitraum von knapp tausend Jahren nutzt man dieses Material nun schon. Davon zeugen in der näheren Umgebung – vor allem haarstrangabwärts bis in den Raum Lippstadt – zahlreiche Kirchenbauten.
In neuerer Zeit sind es vor allem Bodenbeläge, Fassadenplatten und vieles mehr, die den Namen Anröchte rund um den Globus bekannt gemacht haben.
Wussten Sie zum Beispiel, dass im Regierungsviertel in Berlin circa 20.000 Quadratmeter Anröchter Stein verlegt worden sind? Mit einem Augenzwinkern könnte man daher auch sagen: Wichtige politische Entscheidungen werden auf Anröchter Boden getroffen.
Das Anröchter Steinmuseum hält die Geschichte des Steinabbaus eindrucksvoll

lebendig. Dabei stößt man auch auf sehr eigenartige Begebenheiten wie zum Beispiel die „Anröchter Bombenleger“ oder den „Verein der Steinbruchbesitzer zur Förderung der Nüchternheit unter den Arbeitern“.
Eine Steinbruchszene mit einem Dreibein und Flaschenzug zum Heben der Steinblöcke sowie eine originalgetreu errichtete Steinmetzhütte sind in einem Ausstellungsraum zu sehen. Zudem kann eine alte Schmiede besichtigt werden, die um 1900 in einem Steinbruch in Betrieb genommen wurde.

Das Steinmuseum liegt an der Fahrrad-Rundtour „Steine und mehr“. Jeden 1. und 2. Sonntag im Monat ist das Anröchter Steinmuseum geöffnet. Öffnungszeiten sind 14:00 bis 17:00 Uhr, in den Ferien bleibt das Museum geschlossen. Nach vorheriger Absprache werden auch Führungen angeboten: Steinbruchführungen, Ortsführungen, Kirchenführungen und Museumsführungen. Das Museum wird vom Heimatverein Anröchte betrieben und kann barrierefrei und kostenlos besucht werden.

Sehenswert sind auch die historischen Gebäude im Ortskern von Anröchte. Weitere Highlights sind Anfang August in Anröchte das Steinfest und der Big Day Out, die sich im zweijährigen Rhythmus abwechseln, das Waldfreibad, die Herbstkirmes sowie unter anderem die Veranstaltungen des Kulturrings. Kommt nach Anröchte und stellt fest: Anröchte ist „bombig“. :-)

www.anroechter-stein-museum.de

Horst Krüger lebt in Anröchte und arbeitet seit 2004 bei Infineon, vormals eupec GmbH, als Vertriebs-Ingenieur im Sales Innendienst. Als echter „Bombenleger“, so werden die Anröchter scherzhaft genannt, ist er mit der Steinindustrie in seiner Heimatgemeinde aufgewachsen.

Die ehemalige Martini-Kirche im Zeitenwandel

Von der mageren Oblate zur kulinarischen Opulenz

Gaumenfreuden mitten in einer Kirche? Ja, das geht! In Bielefeld findet man diesen Ort in der Artur-Ladebeck-Straße 57. Die dortige ehemalige Martini-Kirche aus dem 19. Jahrhundert wurde im Jahre 2005 umfangreich saniert. Als aus der ehemaligen Kirche das Restaurant „Glück und Seligkeit" wurde, war dies das erste Mal in Deutschland, dass eine komplette Kirche in einen gastronomischen Betrieb umgewidmet wurde. Das entsprechend große Medieninteresse kann sich wohl jeder vorstellen. Da war die Verschwörungstheorie, dass es Bielefeld eigentlich gar nicht gibt, schon leicht angekratzt. :-) Sogar der Fernsehsender NHK Tokio entsandte ein Aufnahmeteam zur Eröffnung.

Das neugotische Kirchenschiff erhielt dabei eine moderne Innenarchitektur in Verbindung mit einer anspruchsvollen Illumination, die dem Ambiente einen warmen und etwas geheimnisvoll-intensiven Charakter verleiht. Der große, mit einer Mauer vom Straßenverkehr abgegrenzte Biergartenbereich mit schönem Baumbestand lädt, besonders in den Sommermonaten, dazu ein, auch das Äußere dieses besonderen Kirchenbauwerks zu bewundern. Die Speisekarte ist nicht überbordend, was die Qualität der Speisen unterstreicht. Das gilt auch für das Getränkeangebot. Der Service kümmert sich sehr liebevoll um die Gäste. Wer möchte, dem wird auch gerne etwas zu der besonderen Geschichte dieses außergewöhnlichen Restaurants erzählt. Jeder Gast kann wählen, wo er sich gerne platziert, je nach für den Besuch gewünschter Umgebung. Das kann das Restaurant selbst, die Bar, die Lounge oder der Biergarten sein. Im Obergeschoss befindet sich das kleine Restaurant „Glückskind" mit direktem Blick von oben in das Kirchenschiff mit einem stilvollen Lichter-Ensemble. „Glück und Seligkeit" bietet ein außergewöhnliches Restaurant- und Barerlebnis, ob allein, zu zweit, in einer Gruppe oder auch mit 500 Gästen. Das Team arrangiert auch Tagungen und Veranstaltungen jeder Art und Güte.
Es lohnt sich einfach, sich das einmal anzuschauen.

Hüsniye Gerits ist seit Juni 2011 bei Infineon beschäftigt. Sie arbeitet als Marketing Assistentin bei IPC IPB HP. Privat ist sie öfter mal in Bielefeld und das Restaurant „Glück und Seligkeit" hat sie vom ersten Besuch an in seinen Bann gezogen. Das Ambiente, die Qualität der Speisen und der tolle Service überzeugen seitdem bei jedem Besuch.

Reit- und Erlebnishof (Willingen/Korbach/Medebach)

Auszeit vom Alltag und neue Kräfte sammeln

Eine Auszeit vom Alltag ist etwas, das sich jeder von uns von Zeit zu Zeit wünscht: zur Ruhe kommen, neue Kräfte sammeln und dabei viel Zeit in der Natur verbringen. Das alles bietet der Reit- und Erlebnishof an der Neerdar in Willingen.

Unter dem Motto „Selbermachen macht Freude" wird den Gästen hier ein umfangreiches Erholungsprogramm geboten: Holz hacken, Feuer machen, Grillen, auf dem Heuboden spielen oder durch die schöne Landschaft nahe Willingen reiten. Dabei werden die individuellen Wünsche der Gäste gerne berücksichtigt. Auch bei der Übernachtung hat man die Wahl: Ob in der Hofherberge, im Heu oder sogar im Tipi-Zelt. Hier ist alles möglich.

www.reit-und-erlebnishof.de/

Jakob Mutschler arbeitet seit 2011 als Qualitätsmanager bei Infineon Technologies Bipolar in Warstein. Darüber hinaus ist er auch für das Ideenmanagement „YIP" verantwortlich. Neue Kräfte sammelt er mit seiner Familie auf dem Reit- und Erlebnishof in Willingen.

Das Waldrestaurant Steinkiste

Besondere Qualität in urigem Ambiente

Vor ein paar Jahren hat ein Arbeitskollege von Infineon meinem Mann Michael das Restaurant „Steinkiste“ empfohlen und diese Empfehlung war für uns Gold wert. Wir wollten mal etwas anderes als „Zwiebel“, „Christbrauerei“ oder „Duende“ direkt in Soest. Aus diesem Grund entschieden wir uns, dieses empfohlene Restaurant auszuprobieren.

Als wir in der Steinkiste ankamen, fiel uns direkt das urige Ambiente auf. Es wirkt so, als ob teilweise die Zeit in diesem Restaurant stehen geblieben ist. Die Inneneinrichtung ist sehr rustikal, der Biergarten etwas verschlafen im positiven Sinne. Es gibt nichts in der Umgebung als den Wald. Die Speisekarte spiegelt den Wald zum Teil wider, es gibt Wild aus der Region und saisonale Köstlichkeiten. Ansonsten gibt es Leckerbissen aus Spanien, Portugal, Frankreich und eine sehr große Wein- und Spirituosenkarte. Die Weinkenner unter uns werden definitiv auf ihre Kosten kommen – die Spirituosenliebhaber natürlich auch.

Nachdem wir dort gegessen hatten, entschieden wir uns, persönlich mit dem Koch zu sprechen, da wir vorhatten, unsere Hochzeit in der Steinkiste zu feiern. Wir mussten feststellen: Das war eine sehr gute Wahl. Denn nicht nur für ein ruhiges Essen unter Freunden oder als Paar, sondern auch für eine große Feier ist die Steinkiste empfehlenswert. Der Koch, der auch Besitzer des Restaurants ist, stellte für uns ein Buffet zusammen und ging auf unsere Wünsche ein.

Als der Tag der Hochzeit kam, hatten wir den großen Raum für uns alleine, zusätzlich genug Servicepersonal und ein wirklich hochklassiges Buffet, das jedem Gast geschmeckt hat. Wir würden immer wieder dort unsere Hochzeit ausrichten. Die Abstimmung zwischen den einzelnen Komponenten auf dem Buffet, das Zusammenspiel der frischen Kräuter und Gewürze sowie die optische Darbietung der einzelnen Köstlichkeiten haben wir selten in Soest so erlebt.

Am Ende des Tages kann ich nur von uns sprechen. Wenn wir etwas Besonderes mit sehr guter Qualität essen wollen, fahren wir mit einer Tischreservierung sehr gerne in die Steinkiste. Für mich gibt es kein Restaurant in Soest, das so eine Qualität auf den Tisch zaubert wie dieses Restaurant.

Jana Mönner arbeitet im Technischen Marketing und ist seit 2011 bei der Infineon Technologies AG. Sie lebt in Soest und genießt die Zeit mit ihrer Familie und auch die guten Restaurants in der Umgebung.

Auf zum Diemelsee
Viele Routen und hoch hinaus

Das Mittelgebirge hat viel zu bieten. Warum nicht mal eine Wanderung im Grenzgebiet zwischen Hessen und Nordrhein-Westfalen? Im Naturpark Diemelsee erstreckt sich auf rund 63 Kilometern Länge der Rundwanderweg Diemelsteig. Hier kann man neben dem Diemelsee grüne Täler und tolle Aussichtspunkte erreichen und dabei weite Blicke ins Upland, wie der hessische Teil des Sauerlands genannt wird, und natürlich ins Sauerland erleben.

Der Diemelsee, der der Gemeinde mit insgesamt 13 Ortsteilen den Namen gegeben hat, bildet sich aus den zwei Zuflüssen Diemel und Itter. Er hat eine Wasseroberfläche von 1,65 Quadratkilometern und ein Volumen von 19,9 Millionen Kubikmetern. Die Landesgrenze verläuft mittig durch den See und rund herum gibt es einige Strandbäder.

Direkt am See liegt Heringhausen, hier startet der Rundweg. Von dort geht es direkt steil bergauf auf den St. Muffert, den Hausberg mit dem besten Blick auf den See und einer Höhe von 525 Metern. Von hier geht es abwärts in Richtung Adorf, dort befindet sich ein besonderes Highlight, das Besucherbergwerk „Grube Christiane". Hier lässt sich in der ehemaligen Grube bestaunen, wie bis in die sechziger Jahre des letzten Jahrhunderts Eisenerz abgebaut wurde.

Meine weitere Empfehlung liegt in Flechtdorf. Hier steht ein altes Kloster mit einer zweitürmigen Kirche, welches erstmals um 830 erwähnt wurde. Ein Förderverein restauriert es seit einigen Jahren aufwändig und man kann einen spannenden Einblick in die Vergangenheit erleben.

Die höchste Erhebung entlang der Strecke befindet sich mit 738 Metern Höhe bei Ottlar. Dort liegt der Dommel. Wer es noch etwas höher mag, besteigt den Dommelturm und kann nun von 752 Metern Höhe aus weit ins Upland, Sauerland, bei guter Sicht sogar bis nach Kassel blicken.

Der Diemelsteig lässt sich auch in Abschnitten wandern, persönlich fahre ich ihn aber gerne mit dem Mountainbike. Zur reinen Wanderung werden drei Etappen empfohlen.

Es gibt noch viele weitere tolle Ecken, die man einfach selber erleben muss.

Also auf zum Diemelsee!

Jens Figge wohnt in Diemelsee-Adorf und pendelt täglich nach Warstein zu Infineon. Hier arbeitet er seit 2014 und ist als Product Engineer für die Hybrid Drive-Linie tätig. In seiner Freizeit genießt er Outdoor-Aktivitäten in seiner Heimat – ob beim Wandern, mit dem Rad oder mit der Familie.

Königlich-Preußische Telegrafenlinie – Station 39 Uelde/Haar

Relax-Bank mit wunderbarer Aussicht

Mein Lieblingsort liegt an einer unserer liebsten Spazierstrecken, auf der Haar, oberhalb des Dorfes Uelde. Dort, 335 Meter über Normalnull (NN), am Weg „Lange Hecke", findet sich eine Relax-Bank, die sich wunderbar eignet, um eine Rast einzulegen. Die Aussicht von dort ist zu jeder Jahreszeit beeindruckend. Über die Felder, über das Möhnetal schaut man auf den Arnsberger Wald Richtung Meschede.

Es ist kein Zufall, dass diese Bank an so exponierter Stelle steht. Von 1832 bis 1849 befand sich auf dieser Parzelle die Station 39 (von insgesamt 62 Stationen) der Königlich-Preußischen Telegrafenlinie, welche Berlin mit Koblenz verband. Die Geschichte dieser Station lässt sich dort an Schautafeln des Heimatvereins Uelde und des „Steine & Mehr"-Radwegs nachlesen.

Ihr erreicht diesen Lieblingsplatz, verbunden mit einem Spaziergang, wenn ihr an der Gaststätte Külbe 99, oberhalb von Belecke, parkt. Nach dem Überqueren der B55 folgt ihr dem Feldweg Richtung Westen/Mülheim-Sichtigvor-Allagen. Man befindet sich auf dem Haarstrang und spaziert an den Windkraftanlagen vorbei. Rechts und links bietet sich eine beeindruckende Aussicht. Im Verlaufe des Weges öffnet sich bei guter Sicht ein Blick zu den Ausläufern des Ruhrgebiets. Das Netz der Feldwege erlaubt attraktive Rundwege. Selbstverständlich eignet sich die Strecke auch für das Fahrrad.

Jens Igler, Manager Quality Management Systems, lebt in Warstein und arbeitet seit 2014 bei Infineon. Seit er im Jahr 2015 sein erstes Elektroauto gekauft hat, begeistert ihn die Elektromobilität. Fahrradfahren, Konzert-Besuche und die Vinyl-Schallplatten-Sammlung sind seine liebsten Freizeitbeschäftigungen.

Entspannung und regionale Produkte bei wöchentlichem Ritual

Durch Wall und Gräfte zum Soester Wochenmarkt

Soest in Westfalen, eine kleine Stadt, die für meine Frau und mich, „Landeier" aus dem Lippetal, genau richtig ist. Die Stadt ist nicht zu groß und doch kennt man sich hier. Besonders schätzen wir an der Stadt den „grünen Gürtel", der sie umrahmt. Der Wall und die Gräfte, die damals im 12. Jahrhundert der Schutz für die bedeutendste Stadt in Westfalen war, ist heute ein grüner Ruhepol.

Im Frühling, wenn die ersten Blätter und Knospen sprießen, freut man sich aufs Draußensein und erfreut sich an dem schönen Ausblick auf den Rosengarten.
Im Sommer bieten die Bäume Schatten und die Spielplätze sind gut besucht. Zum Herbst, wenn sich die Blätter verfärben, steigt die Vorfreude auf die 5. Jahreszeit, die der Allerheiligenkirmes. Im Winter, wenn es früh dunkel wird und es kalt ist, sieht man die Schornsteine rauchen. Durch die Fenster der anliegenden Häuser kann man erahnen, wie gemütlich es ist, und freut sich schon selbst auf eine heiße Tasse Tee. Mein besonderer Tipp ist ein Spaziergang am Abend, wenn der Kattenturm beleuchtet ist und auch in anderen Wall-Abschnitten diverse Illuminationen zu sehen sind.

Oft nutzen wir diesen Naherholungsort, gehen mit dem Hund und den Kindern spazieren, besuchen die Spielplätze oder sammeln Stöcke und Steine. Besonders Letzteres ist sehr gefragt, denn seit April 2020 und dem

Lockdown durch die Covid-Pandemie wächst eine Steinschlange auf dem Wall. Oft werden handbemalte Steine im Wall versteckt und die Freude ist groß, wenn wieder ein neues „Schmuckstück" gefunden wird.

Am Freitag, wenn wieder mal eine spannende und herausfordernde Woche im Büro hinter mir liegt, kann das Wochenende beginnen. Doch damit das Wochenende wirklich perfekt wird, fehlt noch eine Kleinigkeit, die mir Entspannung, nette Begegnungen und regionale Produkte beschert: der Gang zum Soester Wochenmarkt.

Mal mit, mal ohne Kinder. Mal mit dem Auto, zu Fuß oder mit dem Rad. Am liebsten aber mit Rad und Kindern beginne ich den Samstagmorgen mit einer Fahrt durch den Wall zum Wochenmarkt und die „To-dos" sind vollkommen klar. Als Erstes geht es zum Verkaufsstand der Bäckerei Christiani, deren Produkte ich schon seit Kindertagen kenne, und nicht nur das, auch die Verkäuferin kenne ich seit dieser Zeit.

Die Kinder werden schon mal „angefüttert" und sind für die weiteren Besorgungen gerüstet. Auf zum Stand von „Möhrchen" Mersch, hier kommen Gemüse und frische Eier dazu. Dann noch ein paar Blumen für die wartende Mama zu Hause eingepackt und gegebenenfalls einen Honig vom netten Imker oder eine Tüte Klümpchen von den Bonbon-Damen.

Es ist nicht spektakulär, aber das, was ich hier empfehle, ist unsere Heimat.

Jörg Goldstein arbeitet seit 2011 als Product Engineer Data Analysis bei Infineon. Der Besuch des Wochenmarkts und die Fahrt mit den Kindern durch den Wall und die Gräfte garantieren einen guten Start ins Wochenende.

Museum Haus Kupferhammer

Von der Industriellen-Villa zum Museum für Kunst, Musik und Geschichte

Im 14. Jahrhundert sorgten Erzvorkommen, Holzkohle aus den Wäldern und eine auch im Winter offene Wäster für günstige Standortbedingungen für die Entstehung zahlreicher Schmiedestätten, die vornehmlich Kleineisenteile herstellten. Im Jahre 1659 errichtete der niederländische Fabrikant Jacob Forckenbeck einen Messinghammer mit angeschlossenem Handel an der Stelle, an der sich im Dreißigjährigen Krieg eine Nagelschmiede befand. Um 1690 befand sich der Betrieb im Besitz der angesehenen Lippstädter Familie Retberg, später Zahn, die ihn zum Kupferhammer umwandelte. Um 1732 heiratete der aus Werdohl stammende, protestantische Kupferhändler Johann Theodor Möller die Eigentümerin Catharina Zahn und verlagerte in der Folgezeit den Betrieb ostwärts der Wäster. So weit die Herleitung aus der Geschichte des Hauses Kupferhammer.*

Wer auf der B55 von Belecke aus kommend nach Warstein fährt, entdeckt kurz hinter dem Ortseingang linker Hand einen strahlend weißen Gebäudekomplex, der das Auge in seinen Bann zieht – Haus Kupferhammer! Das Gebiet um den damaligen sogenannten Kupferhammer erwarb der protestantische Fabrikant Johann Theodor Möller 1762, einige Jahre nach der Fertigstellung des Anwesens. Im Jahre 1849 wurde die Unternehmerfamilie von Wilhelm Bergenthal Eigentümer des Hauses, modernisierte und erweiterte es. Ottilie Bergenthal, Ehefrau eines Sohnes von Wilhelm Bergenthal, vererbte den Familienbesitz 1948 der Stadt Warstein. In ihrer Verfügung steht unter anderem: „... Die Stadt ist gehalten, in einem Teil der Räume das Heimatmuseum und das Stadtarchiv unterzubringen ... Das Haus soll die Stadt in den Stand setzen, Anziehungspunkt für alle zu werden, die sich im engeren und weiteren Raum des Sauerlandes und Westfalens mit der Geschichte der Heimat, des Volkes und seiner Gebräuche befassen ...“. So ist es heute ein Zentrum in Warstein für Kunst, Musik und Geschichte, um das sich ein Verein engagierter Bürgerinnen und Bürger mit viel Sorgfalt kümmert. Die anspruchsvollen Veranstaltungen und das Haus selbst sind immer einen Besuch wert! Mehr erfahren Sie unter: www.haus-kupferhammer.de

* Informationen aus (C) Westfälische Werkstätten, Heft 117: Haus Kupferhammer in Warstein; ISSN: 0930-3952

Jörg Malzon-Jessen arbeitet seit knapp 20 Jahren in Belecke für Infineon und ist als Unternehmenssprecher verantwortlich für den Raum Nordrhein-Westfalen. In dieser Zeit entwickelte sich eine Verbundenheit zu Warstein, auch wenn er nicht dort wohnt. Er betreibt dort seit vier Jahren eine kleine Galerie, Hauptstraße 53, und hält Lesungen zu seinen Gedichten, unter anderem auch im Haus Kupferhammer.

Rüthen: ein historischer Ort mit Charakter

Rundgang über die mittelalterliche Stadtmauer

Es begab sich um das Jahr 1200 AD, dass der Erzbischof von Köln tief im Herzen des alten Herzogtums Westfalen die Stadt Rüthen auf einem Berg über dem Tal der sich zwischen Wäldern und der dahinschlängelnden Möhne gründete. Rüthen ist eine Berg- und Hansestadt mit mittelalterlichem Charakter. Sie ist die drittwaldreichste Stadt in Nordrhein-Westfalen und lädt zu ausgedehnten Spaziergängen auf über 200 km ausgewiesenen Wanderwegen ein.

Einen besonderen Wanderweg mit etwa 3,5 Kilometern Länge stellt die Rüthener Stadtmauer dar. Vom Norden durch das Hachtor und dann gegen den Uhrzeigersinn um die Stadt ist mein bevorzugter Weg. Vorbei an Abhängen mit bombastischen Ausblicken nach Altenrüthen, weiter am historischen Friedhof, vorbei zum Hexenturm mit dem danebenliegenden Handwerkerdorf. Die grandiosen Ausblicke nehmen kein Ende, der nächste Blick in die weite grüne Landschaft geht in Richtung Suttrop. Danach Einkehr in den Biergarten des Gasthauses zum Hexenturm auf ein Bier, eine Pizza oder ein Eis. Die nächste Station ist der historische Schubstuhl für die Missetäter der Stadt. Heute ist der Stuhl aber kaum noch belegt. ;-)

Weiter geht es zum Wassertum mit den tollen Ausblicken in südliche Richtung in die weitläufigen Waldgebiete des Sauerlandes. Auch die Stadthalle liegt auf dem Weg. Am Jüdischen Friedhof geht es dann vorbei zum Hachtor. Die Runde machen wir oft, wenn wir mal eine Stunde oder zwei Zeit haben. Der Zeitbedarf hängt davon ab, wie viel Freunde man unterwegs trifft und wie lange der Aufenthalt im Biergarten dauert.

Ganz besondere Rundgänge sind die zum Anlass des Rüthener Musikwalks. Zu diesem Ereignis spielen rund um die Stadtmauer vier Gruppen und versüßen den Rundgang. Die letzte Gruppe ist am Hachtor stationiert und spielt bis in die späte Nacht.

Rüthen in Zahlen

- 15.811 Hektar Fläche
- über 10.000 kernige Sauerländer
- über 4.000 Hektar Wald: ordentlich Holz vor der Hütte
- über 800 Jahre stolzer Teil des Sauerlandes
- zwischen 129 bis 525 Meter über dem Meeresspiegel
- 14 Ortsteile

Jürgen Schiele lebt in Rüthen und arbeitet seit 1999 in verschiedenen Führungsfunktionen am Standort Warstein. Zunächst bei der eupec/Infineon, ab 2012 bei der AEG Power Solutions und seit 2016 bei Infineon Technologies Bipolar. Bei Fahrradtouren genießt er die Wald- und Wiesenlandschaft der Region.

WaldSkulpturenWeg Wittgenstein-Sauerland

Ein Erlebnispfad zwischen Kunst und Natur

Der WaldSkulpturenWeg Wittgenstein-Sauerland („WaldSkulpturenWeg“) ist ein 23,4 Kilometer langer, ganzjährig begehbarer, natürlicher Rad-, Wander- und Skulpturenweg im Rothaargebirge zwischen den Städten Bad Berleburg in Wittgenstein und Schmallenberg im Sauerland. Er kreuzt den Rothaarsteig und verläuft teilweise entlang dieses Weges. Seinen höchstgelegenen Punkt erreicht der Weg mit 740 Metern nahe Schanze. Seinen tiefsten Punkt findet man auf 369 Metern im Kurpark Schmallenberg.

Den Anstoß zu dem Projekt „WaldSkulpturen-Weg“ gab im Jahre 2002 ein Wettbewerb, der die unterschiedliche Bedeutung des Begriffs „Heimat“ zweier Nachbargemeinden in den Mittelpunkt stellte. Zweier Nachbargemeinden, die konfessionell und kulturell durch die „geologische Barriere“ Rothaarkamm voneinander getrennt sind.

Der Erlebnisweg lädt ein, den Kontrast zwischen beziehungsweise die Gemeinsamkeit von Natur und Kunst zu erleben. Hier trifft ursprüngliche Natur mit seinen Bergen, ausgedehnten Wäldern und Wiesen auf stilvoll darin eingebettete Kunst und bildet so eine Ausgewogenheit von Gegensätzen.

Dem Naturfreund bietet sich die Möglichkeit, eine unerwartete Wahrnehmung zu erleben. Der WaldSkulpturenWeg umfasst zahlreiche unterschiedliche Installationen und Kunstobjekte. Neben Großinstallationen, wie dem aus Aluminium gefertigten „Der Krummstab“, der

tempelartigen Skulptur „Stein-Zeit-Mensch“, dem „Blinker II“ oder „Was war zuerst“, einem mit Blattgold überzogenen riesigen Ei, finden sich auch eher unscheinbarere Objekte wie „Der Hexenplatz“, der den Mythos Hexe und deren Verfolgung thematisiert.

Insgesamt neun Kunstobjekte bilden ein vielschichtiges Ensemble, welches Natur und Kunst harmonisch und ausgewogen miteinander verbindet. Von hohem Interesse ist auch die heute immer noch stattfindende öffentliche oder private, meistenteils kontroverse Diskussion über den Sinn oder Unsinn dieser Kunstform und ihrer Aussagekraft.

Abseits der Skulpturen lassen sich weitere Sehenswürdigkeiten entdecken, wie die auf 680 Metern Höhe gelegene und 40 Meter lange Hängebrücke nahe Latrop, die einen tiefen Taleinschnitt überbrückt.

Der Weg lässt sich bequem an einem Tag mit dem Rad erkunden. Aufgrund des Höhenprofils sollte eine allgemeine Grundfitness vorhanden sein. Der Untergrund des Fahrwegs ist abwechslungsreich und wechselt von asphaltierten Teilstücken über geschotterte Feldwege bis hin zu unbefestigten Waldwegen. Geübte Wanderer können den Weg ebenfalls an einem Tag bewältigen. Weniger geübten Wanderern ist eine Zwei-Etappen-Wanderung zu empfehlen.

Kai Vollmer, Senior Manager Product Management und seit 2004 im Unternehmen, erfreut sich bei seinen Touren auf dem WaldSkulpturenWeg und entlang des Rothaarsteigs an der Schönheit der Natur. Hier kann er mit Ruhe innehalten und entspannen. Und der sportliche Aspekt kommt auch nicht zu kurz!

Vom Eriesee zum Möhnesee

Hightech auf der grünen Wiese

Am Nordrand des Sauerlandes, mitten im Arnsberger Wald mit seinen großen Seen und Wäldern, liegt Belecke, der Ort, an dem ich arbeite, lebe und mich wohlfühle. Auf einem „Berg" gegenüber der Altstadt wohne ich – in einer Nachbarschaft, in der ich mich zugehörig und zu Hause fühle.
„Was macht eine US-Amerikanerin in Belecke?", fragt mich fast jeder, der solche Sätze von mir hört.

Nach meinem Studium in den USA und Frankreich durfte ich eine ganze Reihe von Gegenden und Menschen kennen- und lieben lernen. Ich lebe seit Langem in Europa, jetzt seit über zehn Jahren in Belecke, meiner Wahlheimat. Die wunderschöne ländliche Umgebung, die freundlichen Menschen und nicht zuletzt der interessante Beruf machen es mir leicht, mich hier wohlzufühlen.

Belecke ist aber auch ein Ort, an dem Industriekultur Geschichte hat – erst die Siepmann-Werke, dann die AEG und später Infineon. Gegründet wurde das Unternehmen sozusagen auf der grünen Wiese – mit nur einem Eisenbahnwaggon voller Messinstrumente und Gleichrichterröhren aus der zerbombten Stadt Berlin. In solch einem traditionellen Unternehmen arbeiten zu können gibt mir das Gefühl, Teil einer großen Geschichte zu sein.

Die Gründer haben vor 75 Jahren auch Pioniergeist gezeigt – was ich als Amerikanerin besonders schätze. Drei Generationen Belecker (plus Zugezogene) haben hier inmitten einer harmonischen Landschaft Arbeit gefunden. Und das ist, wie ich finde, eine wunderbare Symbiose von Industrieentwicklung und wachsender Gemeinschaft.

Aber Belecke sähe heute wahrscheinlich anders aus, wenn es in der Soester Fehde seine Unabhängigkeit verloren hätte. Ohne seine „Freiheitskämpfer“ – mit Mistgabeln, Dreschflegeln und Bienenkörben „bewaffnet“ – wäre es im Jahr 1448 während der Soester Fehde mit der Freiheit vorbei gewesen. Die tapferen Bauern und vor allem Bäuerinnen verteidigten ihr kleines Städtchen gegen die mächtigeren Soester, was jedes Jahr am Mittwoch vor Pfingsten – am Sturmtag – mit Kanonenschuss gefeiert wird – und das seit weit über 500 Jahren! Rebellisch, kämpferisch und stolz haben die Belecker sich gezeigt. Sie ließen sich nicht unterkriegen. Das mag ich!

Hier gefällt es mir so sehr, dass ich sogar meinen aus Düsseldorf kommenden Mann überzeugen konnte, seine geliebte Stadtwohnung dort aufzugeben, um endgültig Belecker zu werden. Der seiner Meinung nach imposante Belecker Rosenmontagszug hat ihn besonders beeindruckt. Aber nicht nur Rosenmontag und Karneval spielen eine große Rolle im Belecker Gemeinschaftsleben, auch das Schützenfest und andere traditionelle Veranstaltungen führen Jung und Alt zusammen zu einer großen Gemeinschaft.

Diese Gemeinschaft zusammen mit der wunderschönen Lage und Umgebung bilden eine mehr als überzeugende Kombination. „Wohnen, wo andere Urlaub machen“ hat ein kanadischer Kollege prägnant über Belecke gesagt. Ich hätte es nicht besser ausdrücken können.

Karen Hanson, geboren in Erie, Pennsylvania, lebt seit über drei Jahrzehnten in Deutschland, davon die letzten zehn Jahre in Belecke. Sie arbeitet seit 2018 als Technical Editor and Translator in der IPC Division von Infineon Technologies AG, war aber zuvor viele Jahre bei der AEG Power Solutions am gleichen Standort tätig. Als Naturliebhaberin mag sie besonders das Wandern und Radfahren in der idyllischen Umgebung rund um Belecke. Und nicht zuletzt ihre Rosen.

Tropfsteinhöhle, Wildpark und Waldspielplatz

Erlebnisse und Abenteuer im Bilsteintal

Im Arnsberger Wald, am Rande des Sauerlandes, liegt das erlebnisreiche Bilsteintal. Einer meiner Lieblingsorte, den ich bereits seit meiner eigenen Kindheit immer wieder gerne besuche. Mittlerweile bin ich mit meinen eigenen Kindern sehr gerne dort und genieße die freie Zeit.

Hauptattraktion im Bilsteintal ist die Bilsteinhöhle, eine Tropfsteinhöhle, die im September 1887 entdeckt wurde. Die Höhlen-Gänge haben eine Länge von etwa 1.700 Metern, davon sind rund 450 Meter für Besucher geöffnet. Hier kann man ein besonderes Naturschauspiel beobachten, beispielsweise „die Halle der 60 Riesen“, Stalagmiten und Stalaktiten (Tropfsteine) in der Höhlenwelt. In der unteren Etage des Höhlensystems fließt ein Höhlenbach. Ein besonderes Angebot ist der „Winterzauber“, eine geführte Laternenwanderung durch das Bilsteintal und die Höhle.

Im Tierpark rund um die Höhle können bei einem Waldspaziergang die Tiere des Waldes beobachtet und gefüttert werden. Hier gibt es Wildschweine, Rot- und Sikahirsche, Waschbären, Füchse und Luchse. Von der Hirschbrücke aus hat man einen tollen Ausblick über den Wald und das Rothirsch-Gehege. Das Füttern der Rehe, Wildschweine mit ihren Frischlingen und Waschbären macht besonders den kleinen Besuchern des Wildparks sehr viel Spaß. Und auch auf dem Waldspielplatz können die Kinder spielen, toben und im vorbeifließenden Bilsteinbach planschen, matschen, Steine werfen und viele große und kleine Abenteuer erleben. Auch einem leckeren Picknick im Wald steht hier nichts im Wege oder alternativ Kaffee und Kuchen oder ein leckeres Essen in der Waldwirtschaft.

So ist ein gelungener Ausflugstag gesichert und es werden bei jedem Besuch des Bilsteintals meine eigenen Kindheitserinnerungen wieder geweckt.

Katharina Ahring lebt in Warstein und arbeitet seit 2004 bei Infineon, vormals eupec GmbH. Seit 2008 ist sie im HPS Controlling beschäftigt. Bei einem Besuch im Bilsteintal genießt sie ihre Freizeit mit ihrer Familie.

The wooded lane at FH Soest

A place where I wander, ponder and squander – sometimes with friends

Out of my several favorite places, I have selected this one: This wooded lane in the Fachhochschule Soest near Westfalenweg is the place I love most and where I spend most of my weekends. There are many shades to this place.

It brings me back to the school and lets me mingle with the students, just to re-live those memorable years at the university. We regularly have weekend get-togethers and I get to take part in their student life activities, whether playing cricket with them just beside the alley or just sitting and gossiping over a cup of coffee. However, that's only the fun part – I have also discussed life and opportunities sitting under those big trees, not to mention that I have been a big brother to those students.

Having said that, it is also one of those places where I like to take a walk or just rest under a tree alone, contemplating life, reading a book or listening to an old song and sometimes thinking about how far I have come from a city thousands of miles away, both physically and professionally. However, the place is not only a friend for good times, I also come here sometimes when I am in a pensive and gloomy mood and my mind needs a rush of fresh air.

All in all, working at Infineon and staying in Soest is the best combination I can possibly think of, adding a wider spectrum and healthier dimension of life. The baby steps that I took in 2012 when coming to Germany seem to have grown up now into milestones of life. And lastly, you do not always need an apple to fall on your head to make you realize something, you can do without it, you just have to find that perfect place, just like the wooded lane in Soest.

Koushik Sasmal started working at Infineon Technologies Bipolar in December 2017 in the development department. Outside work, he loves to do sports, photography, travelling, music, film critique and writes about his experiences.

Brauhaus Zwiebel – Fine local German delicacies and home-brewed beer and liqueurs

The famous „Onion Restaurant"

Brauhaus Zwiebel is located right in the middle of Soest, a 22 km/25 minute drive from Infineon Warstein. Also called the „Onion Restaurant" („Zwiebel" is German for „onion"), it's one of the nice local restaurants serving delicious traditional German food and a variety of tasty fresh home-brewed beer and liqueurs. In case you drive, there are plenty of parking places opposite the restaurant and in the surrounding area.

The restaurant is housed in an old half-timbered building with a history of approximately 400 years. The interior surroundings are excellent, with wooden floors and a narrow wooden staircase leading up to the next floor. The ground floor has a cozy bar with the great smell of home-brewed beer (hops and malt), and a charming and tranquil atmosphere on the upper floor with a glass skylight roof-top structure. The space is big enough to accommodate a larger group event and of course early reservations are required. You may choose your own spot, either the ground floor or the upstairs floor, both are absolutely wonderful.

This is one of my favorite spots for dining with visitors from other Infineon sites (e.g.: China, Malaysia, Singapore, Leominster, ...) to try the

typical local German delicacies and home-brewed beer at a reasonable price. English menus are also available, which is rare around the old town and even in other big cities. Besides the great things on the menu, the staff there is also very hospitable, plenty of smiles and friendly English is spoken in case you need more explanations or help.

The menu features a wide variety of home-style cooked dishes, with starters, schnitzel and steak specialties, salads, home-brewed beer and desserts. There is also a variety of fresh vegetable dishes for vegetarians or those on a diet. My favorite order is usually the „Champignonschnitzel", nice juicy pork with fresh mushrooms, served with french fries and salad. The pork is very well prepared and fits perfectly with the mushroom sauce: delicious, you absolutely have to try it. When it comes to the fresh home-brewed beer I'll go for „Soester Weizen", with a very nice aroma of hops and malt. And „Soester Dunkel" is also a good alternative.

In summary, a „must" place to visit when you come to Warstein and Soest: great food, friendly staff and reasonable prices. Highly recommended place for team dinners or gatherings. Furthermore with a full stomach after dinner, you can take a short walk through the historical town of Soest. You will long remember the narrow lanes with stone-paved walkways and half-timbered houses.

Lau Meng Chee, Senior Manager Factory Integration, lives in the center of Warstein, opposite the Warsteiner brewery, and has been on assignment to Infineon Warstein since 2017 (and with Infineon since 2000). Travelling is his passion, he enjoys visiting places nearby, trying all the delicious German delicacies and meeting nice people here.

Naturerlebnis Bilsteintal
Tropfsteinhöhle und Wildpark in Warstein
Herzlich willkommen im Bilsteintal in Warstein!
Bilsteinhöhle:
Wir laden Sie ein zu einem Ausflug in die faszinierende Unterwelt des Bilsteintals, zu einer Führung durch die Bilsteinhöhle.
Eintrittskarten und Informationen über die nächste Führung bekommen Sie an der Höhlenkasse in der Alten Jugendherberge, nur 150 m von hier entfernt.
Wildpark:
Der Eintritt in den Wildpark ist frei. Hier finden Sie Sika- und Rothirsche, Wildschweine, Waschbären, Füchse und Luchse. Unsere Schafe – Ostpreußische Skudden – weiden an wechselnden Stellen im Bilsteintal. Wildfutter für Hirsche und Wildschweine erhalten Sie aus den Automaten oder an der Höhlenkasse.
Waldspielplatz:
600 m von hier entfernt, mitten im Wald, direkt am Bilsteinbach, liegt der Wald- und Wasserspielplatz im Bilsteintal.
Seit dem 1. September 2011 ist unser Verein „Bilsteintal e.V." Träger und Betreiber der Bilsteinhöhle und des Wildparks.
Die Betriebskosten für Wildpark und Tropfsteinhöhle werden ausschließlich aus den Einnahmen der Höhle, dem Wildfutterverkauf, sowie aus Mitgliedsbeiträgen und Spenden des Vereins aufgebracht. Unterstützen Sie unsere Arbeit im Bilsteintal: Durch Ihren Besuch im Wildpark und in der Bilsteinhöhle, durch den Kauf von Wildfutter am Automaten oder im Bilsteinladen, durch eine Spende – oder durch Ihre Mitgliedschaft in unserem Verein.
www.Bilsteintal.de

Waldtiere, Wildtiere, Wissenswertes im Bilsteintal

Ausflugsspaß für die ganze Familie

Ich habe mich für das „Bilsteintal" als Lieblingsort entschieden, da es meiner Meinung nach für jede Generation etwas zu bieten hat, sich immer weiterentwickelt und ein tolles Ausflugsziel für die ganze Familie darstellt. Meine Kinder und ich lieben diesen Wildpark. Obwohl wir regelmäßig dort sind, wird es nicht langweilig, weil nicht jeder Ausflug gleich abläuft. Wir starten meistens bei den Waschbären, die wir versuchen mit Erdnüssen aus ihren Höhlen zu locken. Leider klappt das nicht immer, aber der Ehrgeiz und die Geduld der Kinder, die Waschbären aus ihren Höhlen zu locken, sind erstaunlich. Oft wird es belohnt und die Kinder können die Waschbären direkt aus der Hand mit den Erdnüssen füttern und beobachten, wie sie diese knacken und fressen.

Im nächsten Gehege erwarten uns Füchse, die leider nicht sehr oft zu sehen sind, da es sich hier um Nachttiere handelt und wir sie auch nicht füttern dürfen.

Am großen Hirschgehege können dann die mitgebrachten Kastanien verfüttert werden. Die Hirsche lieben sie und lassen sich hautnah beobachten und berühren. Etwas weitläufiger liegt das Luchsgehege. Auf dem Weg dorthin können die Kinder im Wald klettern und toben. Die Kulisse in dem Mischwald lädt außerdem für wunderschöne Fotos ein. Wer bei den Luchsen sehr geduldig ist, kann die scheuen Tiere ebenfalls aus nächster Nähe erleben und beobachten. Danach begeben wir uns zu den Wildschweinen, die direkt angerannt kommen, wenn sie das Geraschel des Futters in der Schachtel hören. Sollte man kein Futter dabeihaben, gibt es die Möglichkeit, an mehreren Stellen im Wildpark an einem Futterautomaten Mais in wiederverwendbaren Schachteln zu kaufen. Außerdem lieben die Wildschweine frischen Löwenzahn, den man überall im Park pflücken kann.

Gegenüber dem Wildschweingehege findet man dann noch die Ziegen und oberhalb auch den Eingang zur Tropfsteinhöhle. Hier werden oft verschiedene Führungen angeboten, die sehr interessant sind. Gerade in den Wintermonaten bietet das Team des Bilsteintals hier verschiedene Veranstaltungen an. Zum Abschluss können sich die Kinder am Waldspielplatz oder an der Waldwirtschaft am neu errichteten Spielplatz austoben, während die Erwachsenen einen Kaffee trinken. Abschließend möchte ich noch sagen, dass sich der Besuch wirklich lohnt. Ob Groß oder Klein. Das Bilsteintal ist mein Lieblingsort, weil die Ausflüge dort immer entspannt sind und die Gesichter der Kinder strahlen.
Ein Lieblingsort von vielen hier in der Umgebung!

Linda Müller lebt mit ihrer Familie in Warstein und hat bereits ihre Ausbildung als Industriekauffrau bei Infineon absolviert. Beim Familienausflug bewegt sie sich gerne in der Natur.

Die Drachenrampe bei den Bruchhauser Steinen

Ein Ausblick auf die Miniatur-Alpen im Rothaargebirge

Ich möchte euch eine Geschichte eines unscheinbaren Ortes inmitten meiner Heimat erzählen. Eine Geschichte über meinen persönlichen „Ausblick auf die Miniatur-Alpen". Auf der Suche nach einem neuen Ausflugsziel empfahl mir meine liebe Arbeitskollegin Sandra, zu den Bruchhauser Steinen zu fahren. Gesagt, getan. An einem schönen Vormittagmorgen fuhren mein Partner und ich also los zu besagten Steinen. Am Parkplatz angekommen ging es einen Pfad hinauf, kleine Bäumchen und Gräser sprossen daneben, einmal ging es mehr links herum, manchmal mehr rechts herum. Wir überquerten eine Straße und sahen von unten auf den ersten karstig emporragenden Felsen. Wow! Sieht ganz schön beeindruckend aus. Wir gingen um den Felsen namens Bornstein herum, am Goldstein entlang, und erblickten wenig später die beiden letzten Felsen, Ravenstein und Feldstein. Nirgends sah ich Aufstiegsmöglichkeiten. Wir schlenderten Richtung Feldstein, ich sah eine Ausbuchtung mit einem Handsteg – das muss der Felsen zum Aufstieg sein. Ich freute mich auf die Aussicht, die uns dort oben erwarten könnte. Plötzlich stieß mir rotes Flatterband ins Auge und ein Schild mit der Aufschrift „Wegen Corona ist der Aufstieg auf

den Feldstein untersagt". Kurz nebenbei angemerkt, wir schreiben den 19. April 2020 und befinden uns inmitten der Corona-Pandemie. Gefrustet ließ ich mich auf einen Stein sinken – so hatte ich mir das nicht vorgestellt. Nach einer kurzen Verschnaufpause ging es nun weiter und wir stießen auf eine Gabelung – Parkplatz Panoramaplatz oder Drachenplatz. Letzteres hörte sich wesentlich interessanter als Parkplatz an, also entschieden wir uns hierfür. Obwohl ich sagen muss, dass der Weg mich eher an eine Entscheidung zwischen düsterem Finsterwald oder freundlicher Lichtung erinnerte – wie man es typischerweise aus Märchen kennt. Wir entschieden uns für den Finsterwald. Es ging durch dichte Tannen wieder einen Pfad entlang, ohne irgendeine Erwartung zu haben, was sich hinter „Drachenplatz" verbergen könnte. Sanfte Sonnenstrahlen tänzelten durch den Tannenbewuchs, wurden stärker und stärker. Plötzlich standen wir auf einer Lichtung, in der Ferne sahen wir die hügelige Landschaft des Rothaargebirges, Wolkenfelder passierten den blauen Himmel. Was für ein herrlicher Ausblick! Vor uns war eine hölzerne Rampe aufgebaut, die sich den Hang hinunter schmiegte. Da wurde mir auch klar, was mit Drachenrampe gemeint war – eine Rampe zum Start der Gleitschirmflieger. An diesem sonnigen Vormittag kam uns kein Gleitschirmflieger in die Quere und wir genossen unsere Pause auf diesem wunderbaren Fleckchen Erde. Manchmal wird man doch vom Leben positiv überrascht, obwohl man es gar nicht erwartet.

Lisa Grabowski lebt in Anröchte und begann 2015 ihre Ausbildung zur Industriekauffrau. Seit 2018 arbeitet sie als Teamassistenz für das HPS Engineering. Zwischen Städtetrips und Backpacking-Abenteuern genießt sie auch das Wandern in den Alpen oder im naheliegenden Sauerland.

Westfalen halt

Rummenigge: Eher Kneipe als Fußball

Zugegeben, der Weg nach Warstein-Belecke war lang. Zumindest auf der Zeitachse. Knapp 45 Jahre, um genau zu sein. Dieser Zeitraum umfasst meine stetige Annäherung an den westfälischen Landschaftsraum mit Lippstadt, Soest, Sundern, Paderborn und eben Warstein – in dieser Abfolge.
Diese Städte sind, ich gebe es zu, für einen gebürtigen Rheinländer an sich bereits „schwierig". Aus der Sicht eines mittlerweile naturierten Regensburgers und damit Bayern erst recht, vor allem aber: verdammt weit weg. Und dennoch: Die Gegend hat was, ich mag sie. Vielmehr: Ich durfte sie mögen lernen. Daher ist all das, was in und zwischen diesen Städten liegt und geschieht, meine Empfehlung.
Folgen Sie mir bitte auf eine biographische Reise von wenigen Zeilen.
Als Mitte der 1970er-Jahre die Autobahn zwischen Dortmund und Kassel fertig war, ging durch meine Heimatstadt Bad Godesberg ein Seufzer der Erleichterung: Endlich kam man einfacher zu den Verwandten nach Kassel. Soest, Lippstadt, Paderborn und Warstein drangen von nun an mit jeder Fahrt stärker ins Bewusstsein. Zunächst waren es nur Namen in Weiß auf blauem Untergrund. Ohne Kenntnis von Land und Leuten.
Das änderte sich, als Lippstadt häufiger zum Etappenziel zwischen West und Ost(-BRD) wurde. Ein Onkel lebte nun dort. Mit einer Kneipe brachte er Menschen zusammen. Was

mich damals wunderte: Wie häufig von einem „Kalle Rummenigge" gesprochen wurde, der jetzt was ganz Großes da unten in Bayern zu werden schien. Dieser „Kalle" war nämlich Stammgast in der Kneipe meines Onkels. Und das ist er bis heute in meinen Gedanken auch geblieben. Noch mehr als Fußballer. Dafür kann der „Kalle" nichts. Das liegt wohl eher an meiner gering ausgeprägten Nähe zu diesem Ballsport. Mein Onkel bringt bis heute Menschen in Kumpel-Atmosphäre zusammen. Der passende Ort heißt nun „Kiek rin" (Poststraße).
Es folgte Soest. Kaum das Abi in der Tasche, zog eine Schulfreundin wegen einer Ausbildung dorthin – und ihre Freunde für ein Umzugswochenende mit. Diese Tage wirken nach: mit Gedanken an enge Gassen, Fachwerkhäuser, beeindruckende Kirchen – und dem „königlich bayerischen Hoflieferanten" für Pumpernickel.
Sundern ist Natur. Pur. Ohne Wenn und Aber. Zumindest seit einem Wochenende für Erstsemester-Kommilitonen der Uni Bonn. Schön war es, feucht wurde es. Ein guter Ort!
Paderborn ist die lebendige Gemeinschaft vieler Studierender an den zahlreichen Armen der Pader. Trotz Winterskälte und Grautönen: Die menschliche Wärme an einem Wochenende bestimmte alles.
Ja, und diese Wärme ist es auch, für die – seit ich bei Infineon bin – Warstein für mich steht. Danke, liebe Kolleginnen und Kollegen, für ein herzliches Willkommen und das Näherbringen eurer Region. Ich mag sie. Und ich komme immer wieder gerne zu euch.

Marcus Spangenberg, fasziniert von Kommunikation und Kultur, setzt seit 2013 bei Communications Regensburg mit Barbara Zierer das Modell des Job-Sharings um. Beide sind Herausgeber des ersten Lieblingsorte-Buches, das 2019 zum 60-Jährigen des Standortes Regensburg erschien.

Waldinformationszentrum Hammerhof

Der Hammerhof mit den Wisenten bei Warburg

Das Waldinformationszentrum Hammerhof wurde 2004 gegründet und liegt in der Nähe der ostwestfälischen Stadt Warburg in der kleinen Ortschaft Hardehausen. Der Hammerhof ist eine Umweltbildungseinrichtung des Regionalforstamtes Hochstift von Wald und Holz NRW und möchte durch vielfältige Veranstaltungsangebote, Ausstellungen etc. Menschen für Natur, Wald und nachhaltige Forstwirtschaft begeistern. Im Hammerhof selbst gibt es noch einen kleinen Shop und ein Café, in welchem Speisen und Getränke angeboten werden.

Rund um den Hammerhof gibt es eine Menge Dinge zu sehen und zu erleben.
Zunächst wandert man an den Flachlandwisenten vorbei. Es gibt dort einige Aussichtskanzeln, wo man die Tiere bestaunen kann. Einige hundert Meter weiter kommt ein Tiergehege mit Tarpanen (Wildpferde). Ebenso gibt es dort Wildschweine. Mit etwas Glück sieht man auch weißes und naturfarbenes Rotwild.

Über eine Brücke wandert man hinauf zu den Bergwisenten. Dort gibt es einen witzigen Kletterwisent und einen tollen Aussichtsturm, auf dem man die atemberaubende Natur Ostwestfalens und das Gelände des Hammer-

bachtals bewundern kann. Für Kinder gibt es direkt am Hammerhof auch einen tollen Spielplatz.

Der Wisent beschreibt eine in Europa beheimatete Rinderart, die zur Gattung der Bisons zählt. Daher wird der Wisent auch als Europäischer Bison bezeichnet.

Neben den Berg-Wisenten sind seit 2004 auch Flachland-Wisente in einem separaten Gehege vor Ort. Das ist bisher nur an zwei Standorten in ganz Europa der Fall. Seit Eröffnung des Geheges sind hier mehr als 160 Wisente geboren worden.

Wir haben dieses Gelände mit unserer Pfadfindergruppe in Rixbeck besichtigt und hatten dort eine Menge Spaß in der Natur und mit den Tieren.

Informationen über unsere Pfadfindergruppe finden Sie hier:
www.pfadfindergemeinschaft-gilwell.de

Weitere Informationen zum Hammerhof finden Sie hier:
www.wald-und-holz.nrw.de/wald-erleben/infozentren/wiz-hammerhof-wisentgehege-hardehausen

Marion Weber wohnt in Warstein-Allagen und arbeitet seit Mai 2014 bei Infineon als Teamassistenz im Supply Chain Management. Als Gruppenleiterin bei den Pfadfindern ist sie in ihrer Freizeit bei der Pfadfindergemeinschaft Gilwell in Rixbeck tätig.

Geschichte und Geschichten im Deutschen Fußballmuseum in Dortmund

Ein Trikot aus dem All

Es beginnt im Wankdorfstadion, strömender Regen, „dem Fritz sei Wetter". Der Rest ist (Fußball-)Geschichte und ein bisschen Legende. Auf die Spuren dieser Geschichte begebe ich mich im Deutschen Fußballmuseum Dortmund – meinem für dieses Buch gewählten Lieblingsort. Sie beginnt – wie sollte es anders sein – mit dem „Wunder von Bern" im Jahre 1954. Zum Auftakt der (sehr guten) Führung steht sie im Halbkreis um die Besucher, die Elf um Kapitän Fritz Walter. Und man hört sie tatsächlich, die prasselnden Regentropfen am Tag des ersten deutschen Weltmeistertitels beim 3:2-Erfolg über die hochfavorisierten Ungarn.

Als halbwegs Fußball-sachkundiger Besucher kennt man natürlich die Eckpunkte der deutschen Fußball-Geschichte. Dennoch sind es für mich eher die kleinen Anekdoten rund um die Ausstellungsstücke sowie die tolle multimediale und interaktive Inszenierung – wie eben jene durch über Lautsprecher eingespieltes Regenprasseln erzeugte Atmosphäre –, die den Besuch im Fußballmuseum ausmachen.

So erfährt man, dass das „Fritz-Walter-Wetter", also Walters Vorliebe für Regenwetter, auf einer Vorerkrankung mit Malaria beruhte, er zusätzlich Asthmatiker war und somit feuchte Luft bevorzugte. Wussten Sie, dass Gerd Müller trotz Schuhgröße 38 bei der WM 1974 mit Schuhgröße 41 auflief und was Sepp Meier zum Erfinder der Torwarthandschuhe avancieren ließ? Hier spielte übrigens ein Tischtennisschläger eine entscheidende Rolle.

Beeindruckend auch: Beim „Jahrhundertspiel" 1970 zwischen Deutschland und Italien (3:4) in Mexiko-Stadt herrschten auf über 2.000 Metern Höhe während des Spiels auf dem Platz 50 Grad. Fünf Tore in der Verlängerung waren sicherlich auch eine logische Konsequenz des

Erschöpfungszustandes der Spieler. Die Mediziner waren damals noch der Auffassung, dass Trinken während sportlicher Betätigung kontraproduktiv sei …
Was Frank Farian mit dem Elfmeterpunkt zu tun hat, von dem aus Andreas Brehme 1990 in Rom zum WM-Sieg über Argentinien traf, wird ebenfalls erklärt. Geschichten über Geschichten …

Es sind die vielen Details einer Zeitreise, die irgendwann auch den Weg auf die persönliche Ebene finden. Man ertappt sich beim Schwelgen in eigenen Erinnerungen, mit wem und wo man die Spiele verfolgt hat. Opulent und emotional wird über eine 180-Grad-Videoleinwand und einen riesigen Würfel im „Raum der goldenen Generation" der Weg der Nationalmannschaft von der WM 2006 im eigenen Land bis nach Brasilien 2014 nachgezeichnet.

Den mit Abstand längsten Weg ins Museum hat indes ein Trikot von Astronaut Alexander Gerst gefunden. Er fieberte 2014 von der Internationalen Raumstation (ISS) aus mit und nähte den Stern für den vierten WM-Titel kurzerhand direkt im All auf sein Trikot. Er säße ja an der Quelle, soll Gerst treffenderweise gesagt haben.

Das Fußballmuseum ist ein Mitmach-Museum (die Bundesliga kommt übrigens ebenfalls nicht zu kurz), ein „Heimspiel für die ganze Familie", wie es auf der Website heißt. Und das stimmt. Noch ist mein Sohn mit zweieinhalb Jahren zu klein, aber ich freue mich schon darauf, eines Tages diesen Ort mit ihm zu besuchen. Los geht's dann wieder auf den Spuren der Helden von Bern bei strömendem Regen am 4. Juli 1954 …

Marius Koch verantwortet seit 2015 die interne Kommunikation bei der Infineon Technologies AG am Standort Warstein. Er ist sehr froh, dass ihn sein Weg zu Infineon geführt hat, wäre aber beinahe Sportjournalist geworden. Seine nach wie vor ausgeprägte Sport-Begeisterung führte zur Wahl seines Lieblingsortes.

Höhlen im Raum Brilon – Warstein

Unentdeckte Regionen unter unseren Füßen

Wer hätte gedacht, dass es im Land der tausend Berge auch über 1.000 natürliche Höhlen gibt? Gerade in den letzten Jahrzehnten konnten sehr viele Höhlen neu entdeckt werden. Allein im Bereich Warstein und Brilon sind jetzt mittlerweile weit über 150 Höhlen bekannt.

Schon mit 12 Jahren wurde bei mir das Interesse für die Speleologie (Höhlenforschung) durch einen Besuch der Attahöhle geweckt. Damals war noch nicht so viel über Höhlen in unserem Bereich bekannt. Alle bekannten Höhlen haben sich im devonischen Massenkalk gebildet, der vor rund 350 Mio. Jahren abgelagert wurde. Es gibt nur eine Schauhöhle bei uns, die Bielsteinhöhle. Diese wurde bereits im 19. Jahrhundert entdeckt. Archäologische Grabungen in der Höhle weisen auf eine frühere Besiedlung durch den Menschen in der Jungsteinzeit zurück. Funde aus der jüngeren Eisenzeit weisen diese auch als Kult- und Opferstätte aus. Eine weitere, archäologisch bedeutende Höhle befindet sich im Lörmecketal, der Hohle Stein. Was viele nicht wissen: In nächster Nachbarschaft konnte in der Simonhöhle eine große Fortsetzung gefunden werden, darunter einer der größten Hohlräume auf der Warsteiner Hochfläche.

Leider sind einige Höhlen auch dem Kalksteinabbau in Warstein zum Opfer gefallen. Darunter auch ein riesiger, grundwasserfüh-

render Karsthohlraum in der hohen Liet. Die Liethöhle am Rande des Abbaugebietes konnte vor der Zerstörung gerettet werden.

Die benachbarte Briloner Hochfläche ist um einiges größer als die Warsteiner Hochfläche. Hier befinden sich ebenfalls eine Vielzahl von Höhlen, die sehr häufig als Schachthöhlen ausgebildet sind. So konnten wir in der Apostelhöhle bedeutende Fortsetzungen entdecken, sodass die ehemals nur fünf Meter lange Höhle nun über 2000 m lang und mit 106 m Höhendifferenz die tiefste Höhle von NRW ist.

Um 1987 konnten wir in einem Steinbruch den Malachitdom entdecken, die bislang größte Halle in NRW (85 m x 20 m x 10 m). Durch ein interdisziplinäres Forschungsprojekt konnte die Höhle mittlerweile dauerhaft unter Schutz gestellt werden.

Die größte Höhle der Region bleibt aber das Höhlensystem Rösenbecker Höhle – Ziegentempel. Diese Höhle ist jetzt mittlerweile über 2600 m lang, bei einem Höhenunterschied von 89 m.

Was macht den Reiz der Höhlenforschung aus? Warum begibt man sich unter die Erde? Bei mir ist es das Verlangen, noch unentdeckte Regionen direkt unter unseren Füßen aufspüren zu können. Es ist schon ein erhabenes Gefühl, Räume zu betreten, die vorher noch nie eines Menschen Auge sah. Auch der Reiz der üppigen Tropfsteinformationen tut sein Übriges dazu. Die unterschiedlichsten Forschungsfelder innerhalb der Speleologie bieten für jeden Interessierten ein breites Betätigungsfeld.

Matthias Erlemeyer lebt in Brilon – Alme und arbeitet seit 2019 als Equipment Integrator bei Infineon. In seiner Freizeit ist er ein begeisterter Speleologe, der schon viele neue Höhlen entdecken durfte.

Belecke ist kuh'l

Rundgang mit den Nachtwächtern

Um die schöne Altstadt von Belecke näher kennenzulernen, bietet sich ein Rundgang mit den Nachtwächtern an. Stilecht gekleidet mit Pelerine, Hellebarde, Laterne, großem Hut, Horn und nicht zu vergessen mit den mit Stroh ausgestopften Holzschuhen werden die Gäste auf dem Wilkeplatz am Brunnen empfangen. Hier und auch im Zuge des Rundgangs wird die Geschichte des Ortes erzählt – gewürzt mit manch interessanter Anekdote. Der Brunnen mit sechs stilisierten Bäumen stellt die Geschichte des Ortes dar. Ein Baum ist auch der hiesigen Industrie gewidmet. Neben der Gesenkschmiede Siepmann und den Stahlarmaturen sind auch Leistungshalbleiter von der AEG zu finden. Neben einem Selengleichrichter sind mehrere Wafer mit Dioden / Thyristoren dargestellt.

Von hier geht es zu Stütings Mühle mit einem alten, noch funktionsfähigen Horizontal-Sägegatter, das über das große Wasserrad angetrieben wird. Von Zeit zu Zeit finden auch Vorführungen „Sägen mit Wasserkraft" statt. Das Wasser aus dem Mühlenteich wird auch genutzt zur Stromerzeugung. Von der Mühle geht es vorbei an dem restaurierten kleinen Speicher hoch hinaus an den Resten der alten Stadtmauer vorbei in die Altstadt. Von hier oben hat man einen wunderschönen Blick auf den unteren Teil Beleckes.

Im weiteren Verlauf kommt man an den beiden ältesten Häusern aus den Jahren 1670 und 1700 vorbei. Diese gehören zu den wenigen Häusern, die bei dem großen Stadtbrand von 1805 verschont geblieben sind. Vor diesem Hintergrund wird auch die Aufgabe der Nachtwächter klar. Neben der Brandwache hatten sie eine Polizeifunktion und vor allem im Frühjahr und Herbst mussten sie die Zeit ansagen, so dass die Bürger zeitig zu den außerhalb liegenden Feldern aufbrechen konnten. Der Nachtwächter hat in Belecke noch bis 1925 regelmäßig seinen Rundgang gemacht und ist erst durch die Gründung der Feuerwehr abgelöst worden.

Weiter geht es zur Kirche mit dem bis heute erhaltenen romanischen Wehrturm. Besonderheiten im Inneren sind vor allem der kostbare Hauptaltar mit zwei Nebenaltären und die wertvolle Kommunionbank mit zahlreichen Intarsien, die aus der Auflösung des Klosters Grafschaft stammen. Von hier aus führt der Weg vorbei am alten Rathaus, das von Belecker Vereinen genutzt und auch instandgehalten wird, durch die herausgeputzten Straßen von Oberbelecke hinauf zur Bronzestatue mit der Kuh Alma, die dem inoffiziellen Wappentier gewidmet ist – denn „Belecke ist kuh'l". Der Rundgang mit den Nachtwächtern endet stilgerecht mit dem Singen des Stundenlieds.

Matthias Leifeld startete im November 1984 bei der AEG als Entwicklungsingenieur im Betriebsmittelbau elektrisch. Im Februar 2003 erfolgte der Wechsel zur damaligen eupec in den Bereich Technisches Marketing. Die wunderschöne Gegend rund um Belecke genießt er vor allem bei Fahrradtouren.

Die Haar
Zwischen Westfälischer Bucht und Arnsberger Wald

Die Haar, auch Haarstrang genannt, erhebt sich sanft aus der Westfälischen Bucht empor. Von Soest (90 Meter über Normalnull (NN)) kommend in Richtung Süden braucht es zehn Kilometer, um den 200 Meter höher gelegenen Haarweg zu erreichen, der in Ost-West-Richtung immer wieder den Grat der Haar kreuzt. Nach Süden Richtung Möhne fällt die Haar deutlich schneller ab und bildet entlang der Möhne einen oft bewaldeten Steilhang.

Blickt man nach Norden, schaut man in die fruchtbare Soester Börde und kann das Kohlekraftwerk in Hamm und bei guter Sicht auch den Teutoburger Wald sehen. Im Süden blickt man auf den waldreichen Arnsberger Wald, der eine Höhe von 580 Meter über NN am Lörmecker Turm erreicht. Das weiter südlich gelegene Rothaargebirge, das mit seinen 16 über 800 Meter hohen Bergen lockt, kann man von der Haar aus allerdings nicht sehen.

Den besonderen Reiz der Haar macht das Kleinräumige aus. Hier eine dichte Allee, dort ein Einschnitt in der Landschaft. Kleine Wäldchen liegen eingebettet in den Feldern und man hat den Fernblick entweder auf den Arnsberger Wald oder die Soester Börde. Am besten erschließt sich die Haar mit dem Fahrrad, auf den kleinen Seitenstraßen und dem Netz der landwirtschaftlichen Wege.

Matthias Rittershofer, Hook-Up-Manager im Facility Management, wohnt unter der Woche in Soest und wählt auf der Fahrt zur und von der Arbeit nach Belecke immer wieder andere Routen durch die abwechslungsreiche Haar.

Rundweg
Hennedamm
A3
Naturpark Homert
Sauerländischer
Gebirgsverein

Flugplatz Meschede-Schüren oberhalb des Hennesees
Nur Fliegen ist schöner

Oberhalb des Hennesees erstreckt sich die Landebahn des Flugplatzes Meschede-Schüren.

Von hier oben hat man einen herrlich weiten Blick auf die hügelige Umgebung des Hochsauerlands und auf den Hennesee, der sich durch die Landschaft windet. Bei gutem Wetter lässt sich von hier der Flugbetrieb beobachten. Die Segelflieger, die hier oft zu sehen sind, kommen ganz ohne Antrieb aus, sobald sie von einem Schleppflugzeug in die Luft gehoben worden sind. Bei guter Thermik und gutem Flugwetter kann man sie dort ihre Kreise ziehen sehen.

Wer eine Auszeit in der Natur sucht, ist hier genau richtig. Die Wanderwege in der Umgebung bieten weite, idyllische Ausblicke, die zum Verweilen einladen.

Geht man entlang des A8 (Rundweg Hennedamm) und biegt dann auf den A3 ab, kann man den See von oben bestaunen. Ist der Anstieg entlang des A3 geschafft, lässt sich das Panorama auf dem Höhenweg genießen. Wer den Hennesee schon kennt, wird sich wundern, ihn aus dieser Perspektive zu sehen. Der 1955 fertiggestellte Stausee ist ein beliebtes Ziel für Schwimmer, Fahrradfahrer, Wanderer und Wassersportler jeder Art. Im Sommer kann man hier Kajaks und Stand-Up-Paddle-Boards ausleihen und den Tag auf dem See genießen. Im „H1 am See“ direkt nebenan gibt es die Möglichkeit, den Tag auch kulinarisch gut ausklingen zu lassen.

Michael Gadermann (r.) arbeitet seit 2012 bei Infineon in Warstein und ist dort im Technischen Marketing tätig. Am Hennesee genießt er die Vielzahl der Freizeitaktivitäten, die die Umgebung bietet: Fahrradfahren, Klettern, Schwimmen, Wandern oder Stand-Up-Paddlen. Jens-Eric Hense arbeitet seit 2004 bei Infineon Bipolar und ist dort im Qualitätsmanagement tätig. Er lebt nicht nur unterhalb der Hennesee-Talsperre, sondern genießt den See jeden Tag bei Spaziergängen mit seinem Hund und entdeckt neue Wege in der Umgebung mit dem Fahrrad.

Wandern oder Rad fahren im Aatal und rund um die Aabachtalsperre

Immer neue Blickwinkel

Liebe Leser, ich möchte Ihnen hier kurz das Aatal und die Aabachtalsperre vorstellen, die nur circa 40 Kilometer vom Standort in Warstein-Belecke entfernt sind. Es ist ein kleines Tal mit einer Trinkwasser-Talsperre mitten im Wald bei Bad Wünnenberg, das uns in unserer Freizeit immer wieder anlockt, um dort die Ruhe und die Natur zu genießen. Da der gesamte Rundweg von circa 9 Kilometern komplett geteert ist, kann man dort wunderbar mit den Roller-Skates oder dem Rad fahren. Durch die vielen kleinen Biegungen und Kurven kann man den See immer wieder aus einem neuen Blickwinkel betrachten; er strahlt Ruhe und Erholung aus. Man kann dort mal richtig die frische Waldluft einatmen und ausruhen, dazu sind an verschiedenen Punkten Bänke oder ein Unterstand vorhanden.

Im Frühling das frische Grün der Bäume oder im Herbst das bunte Laub zu sehen, geben dem Aatal und der Talsperre eine farbenprächtige Ausstrahlung. Im Sommer steht am Staudamm oft auch ein Eiswagen, der nicht nur die Kinder erfreut.

Wenn wir mit dem Fahrrad unsere Runde um die Aabachtalsperre gedreht haben, machen wir manchmal noch einen kleinen Abstecher in das Aatal nach Bad Wünnenberg.

Unterhalb der Sperrmauer geht es über einen Forstweg zum Kurpark von Bad Wünnenberg, wo es vielerlei Entspannungsmöglichkeiten gibt. Ein Päuschen am Schwanenteich oder bei den vielen unterschiedlichen Tiergehegen tut richtig gut. Aber auch der lange und schöne Barfußpfad ist sehr abwechslungsreich angelegt. Spielmöglichkeiten für Kinder und kleine Ecken zur Erholung gibt es genügend bis hin an den Rand von Bad Wünnenberg, wo es auch noch ein Schwimmbad gibt.

Also so ein Sonntagsausflug zur Aabachtalsperre ist immer entspannend, aber auch abwechslungsreich und interessant.

Wir werden auf jeden Fall immer wieder mal hinfahren.

Michael Mund wohnt in Anröchte und hat am Standort Warstein seine Lehre zum Elektroniker gemacht. Nach dem Studium kam er in den Vertrieb bei der AEG und wechselte später mit zur eupec. Mit Zwischenstation im regionalen Marketing ist er heute noch bei Infineon im Vertrieb Europa tätig.

Suttrop

Ein diamantenstarker Ort

Mein Lieblingsort ist mein Heimatort Suttrop. Obwohl ich schon alle Kontinente bereist habe und sehr gerne reise, ist der schönste Ort doch zu Hause und ich freue mich, immer wieder dorthin zurückkehren zu können.

Nach dem Feierabend geht es oft auf einen Streifzug durch das Suttroper Feld, der erste Blickpunkt ist unser einziges Windrad, wo man ab und zu mal einen Ballon umherfahren sieht. Zur jährlichen Montgolfiade ist dort ein super Aussichtspunkt Suttroper Feld, um sich die vielen Ballone ansehen zu können. Weiter geht es zum Diamantenpfad, wo man mit ein bisschen Glück auch noch ein paar Suttroper Diamanten finden kann. Gekrönt wird der Diamantenpfad mit dem historischen Kalkofen, der auf jeden Fall eine Besichtigung wert ist und dem Besucher ein Stück Heimatgeschichte näherbringen wird.

Einmal im Jahr veranstalte ich mit meinen Arbeitskollegen eine Wanderung. Der Rucksack wird mit ein paar isotonischen Getränken, guter Laune und unseren Boßelkugeln gepackt. Wir starten direkt in Belecke und auf geht's durch den Wald in Richtung Suttrop. Unser erster Stopp in Suttrop ist dann die Bohnenburg, wo es ein bis zwei halbe Liter Fläschchen Warsteiner gibt, bevor wir dann den Aufstieg zur Dorfmitte machen. Dort gibt es auf dem Schulhof meist ein Gruppenfoto und dann geht es zum Gasthof Bültmann, wo es leckeren Grünkohl mit Pinkel gibt …

Nicole Eickhoff lebt von Geburt an in Suttrop und ist 2001 bei der eupec gestartet und zur Zeit im Bereich Supply Chain Management bei der Infineon Technologies Bipolar beschäftigt. Nach Feierabend genießt sie es, mit den Spielleuten – mit denen sie sich 2016 für die WM der World Association of Marching Show Bands in Kalifornien qualifiziert hat – für die nächste musikalische Challenge zu proben.

„Allagener Wiesen“ am Möhnesee

Erholung und Entspannung nach Feierabend

Die Allagener Wiesen am Möhnesee. Inmitten des Arnsberger Waldes im Sauerland liegt der über zehn Quadratkilometer große Möhnesee. Für Erholungssuchende, Entdeckungslustige oder Naturfreunde bieten der Stausee und seine unmittelbare Umgebung viele Möglichkeiten, um den Alltag hinter sich zu lassen. Hier liegt er, unser Lieblingsort: die „Allagener Wiesen“ am Möhnesee.

Die Namensherkunft dieses Lieblingsortes ist auf unseren, aus den Ortschaften Allagen und Niederbergheim entstammenden, Freundeskreis zurückzuführen. Seit Kindesbeinen haben wir zusammen viel Zeit an der frischen Luft verbracht und mit fortschreitendem Alter mehr und mehr Orte in der näheren Umgebung für uns entdeckt. Hierzu zählt ebenso der von uns benannte Lieblingsort „Allagener Wiesen“ am Möhnesee. Circa vier Kilometer von unseren Wohnorten entfernt befindet sich unser Lieblingsort im Ortsteil Wamel am Möhnesee. Vor etwas mehr als 15 Jahren im Sommer haben wir uns hier zum ersten Mal nach einem anstrengenden Schultag zum Baden und Erholen mit unserer Clique getroffen. Der Ort hat uns auf Anhieb so gut gefallen, dass wir uns am gleichen Tag noch

für ein erneutes Treffen verabredet haben. Damals noch mit dem Mofa oder dem Roller angesteuert, kehren wir heutzutage mit Fahrrädern oder PKW regelmäßig an diesen Ort zurück.

Direkt am angrenzenden Radweg gelegen, ist der Ort sehr gut mit dem Fahrrad, Tretroller oder zu Fuß zu erreichen. Über die parallel verlaufende Seeuferstraße und einen anliegenden Rasenparkplatz ist auch die Erreichbarkeit mit Hilfe eines PKWs oder Motorrads sichergestellt.

Das Besondere an den „Allagener Wiesen“ ist der Mix aus Schatten spendenden Bäumen, dem seichten Einstieg in den Möhnesee, die Ungestörtheit aufgrund eines eher unsichtbaren beziehungsweise verborgenen Zugangs über einen Trampelpfad durch einen kleinen Wald sowie die Möglichkeit, mit wenigen Hilfsmitteln eine gemütliche und wohlfühlende Atmosphäre zu schaffen. Egal ob es mehrere Stunden sind oder nur ein Feierabendbier zum Ausklingen des Tages getrunken wird – es lohnt sich immer!

Leider ist es heute nicht mehr direkt sichtbar, warum dieser Ort als „Wiesen“ bezeichnet wurde, da fast nur noch Kies und ein paar querliegende Baumstämme den Lieblingsort schmücken. An Flair und Natur fehlt es trotz der fehlenden grünen Pracht in keiner Weise.

Für uns sind die Allagener Wiesen auch nach vielen Jahren ein immer noch sehr bedeutsamer Ort, an den wir gerne zurückkommen.

Gebürtig kommend aus den Ortsteilen Allagen und Niederbergheim, trifft sich der Freundeskreis zum Erholen und Plaudern am Möhnesee. Niklas Pätzold (l., seit 2012 bei Infineon) arbeitet als Entwicklungsingenieur in der Modulentwicklung und Daniel Möller (seit 2018 im Unternehmen) entwickelt Software für den dynamischen Endtest der Module.

Der Golfplatz in Lippstadt – Naturerlebnis mit „Grachten“

Hier bleibt kein Ball trocken!

Im Norden von Lippstadt an der Grenze zu Bad Waldliesborn liegt die wunderschöne Anlage des Golfclubs Lippstadt. Hier spiele ich seit acht Jahren leidenschaftlich gern Golf. Im Frühjahr und Sommer kann man sich das leicht nach der Arbeit noch einrichten; ansonsten nutzt man natürlich das Wochenende. Dabei mag ich die Flexibilität: Solange es hell ist, ist der Platz geöffnet und man kann spielen. Und wenn mal kein Spielpartner zu finden ist, kann man auch gut allein seine Runde drehen. Was macht das Ganze nun zu meinem Lieblingsort?

Da ist zum Einen die Begeisterung für den Sport an sich. Der Sportjournalist Harry Valérien hat es mal gut auf den Punkt gebracht: „Golf ist wie eine Droge: Wer sich auf dieses Spiel einmal eingelassen hat, kommt kaum noch davon los.“ Aus meiner Sicht ist das Faszinierende an diesem Sport die Kombination einer anspruchsvollen sportlichen Betägigung mit einem Erlebnis in der Natur. Golf macht einen demütig: Immer, wenn man das Gefühl hat, jetzt hat man’s raus, wird einem schnell klar gemacht, dass es nicht so ist. Der Bewegungsablauf beim Golfschwung ist äußerst komplex; kleine Feinheiten entscheiden darüber, ob ein Schlag gelingt oder nicht. Gleichzeitig kann man bei diesem Sport sehr gut entspannen. Wenn man einmal seine Runde gestartet hat, lässt man schnell alle anderen Gedanken fallen und konzentriert sich auf sein Spiel. Richtig entspannend wird

das Ganze aber, wenn man seinen Blick auch für die sich darbietende Natur öffnet.

Das ist der zweite Aspekt, den ich an diesem Ort so mag. Der Platz ist durchzogen vom Boker- und dem parallel fließenden Mentzelsfelder Kanal, die wiederum von der Lippe gespeist werden. Früher dienten die gut gewässerten Wiesen dem Weidevieh als nährstoffreiche Nahrungsquelle. Heute sind zwischen den Kanälen und Wassergräben die 27 Spielbahnen angelegt. Und da tummelt sich so einiges: Enten und Wildgänse, die mit ihren Kleinen im Frühjahr und Sommer ihre Bahnen ziehen. Schwäne, die wild fauchend ihr Revier verteidigen, wenn man einen Ball in ihre Nähe geschlagen hat. Nutrias (auch Biberratte genannt), die am Wasserrand grasen. Hasen und Rehe, die über die Bahnen flitzen. Es fühlt sich manchmal fast an, als wäre man in einem Zoo. Gleichzeitig eröffnen die vielen Wasserläufe immer wieder schöne Blicke, die bei wechselndem Licht sehr abwechslungsreich sind.

So schön es auch ist, einer Sache muss man sich bewusst sein: Hier bleibt kein Ball trocken! An fast jeder Bahn muss entweder über Wasser oder an Wasser vorbei gespielt werden. Selbst die besten Spieler versenken hier ihre Bälle. Aber der Verlust lässt sich leicht verschmerzen, wenn man an die schönen Stunden hier auf dem Platz denkt.

Nach dem Einstieg bei Infineon 2001 in München wechselte Nikolas Danckwerts Ende 2008 an den Standort in Warstein, leitet seitdem den Finance Bereich der Business Line IPB und ist seit 2017 Mitglied der Betriebsleitung. Er entspannt gern in der Natur beim Fahrradfahren, Wandern oder Golfen.

Der Vier-Jahreszeiten-Park in Oelde

Mehr zu entdecken

Als ich nach einem Lieblingsort gefragt wurde, musste ich nicht lange überlegen: Der Vier-Jahreszeiten-Park in Oelde. Ob Frühling, Sommer, Herbst oder Winter, ob spielen oder spazieren, im Parkbad schwimmen oder in der Natur abtauchen: In diesem Park gibt es für jeden Besucher viel zu sehen und zu entdecken. Bereits als Kind habe ich viel Zeit in diesem Park verbracht und auch heute komme ich immer wieder gerne an diesen Ort zurück.

Für manche sind es die Blütenmeere, die Bäume und die Natur, die sie zum Spazieren in den Park ziehen. Familien lieben die Spielplätze, das Parkbad und die Tiere auf dem Gelände. Konzertgänger, Kulturfreunde und Sportler lockt es zu den Veranstaltungen auf den verschiedenen Bühnen. Und wieder andere haben Spaß am Lernen und Forschen im Kindermuseum Klipp Klapp und in der Gläsernen Küche. Jeder, der einmal diesen Park besucht, findet dort einen Lieblingsplatz.

Der Vier-Jahreszeiten-Park in Oelde war 2001 Schauplatz der bisher erfolgreichsten Landesgartenschau in Nordrhein-Westfalen. Auch heute noch zieht der Vier-Jahreszeiten-Park im südlichen Münsterland zahlreiche Besucher an, die sich von der Blütenpracht und den Veranstaltungen immer wieder begeistern lassen.

Öffnungszeiten
März und April: täglich von 10:00 bis 18:00 Uhr
Mai bis Oktober: täglich von 9:00 bis 19:00 Uhr
November bis Februar: täglich von 11:00 bis 16:00 Uhr

Olga Brigmann lebt in Lippstadt und arbeitet seit 2018 als HR Specialist bei der Infineon Technologies Bipolar. Aufgewachsen ist sie in Oelde im Kreis Warendorf. Der Vier-Jahreszeiten-Park zählt auch heute noch zu ihren Lieblingsorten.

Schloss Hohenlimburg
Die westfälische Höhenburg

Zwischen Wessel- und Nahmerbachtal erhebt sich im Vorort der Stadt Hagen das Schloss Hohenlimburg. Das über mehrere Jarhunderte gewachsene Schloss ermöglicht mit seinen Parkanlagen und Wehrgängen einen einmaligen Blick auf das Lennetal, das auch heute noch stark durch die Vermengung des industriellen Einflusses des vergangenen Jahrhunderts mit den heutigen Wohn- wie Naturschutzgebieten geprägt ist.

Das Schloss Hohenlimburg war bis vor wenigen Jahren bekannt für Spitzengastronomie im Schlossrestaurant sowie für die im Hause befindlichen Museen über die Hohenlimburger Geschichte sowie das Deutsche Kaltwalzmuseum; ein Industriezweig, der den Standort Hohenlimburg sowie das Lennetal noch bis heute beeinflusst. Leider wurden diese Lokalitäten auch aufgrund von finanziellen Schwierigkeiten aus dem Schloss ausgelagert, unter anderem in das Freilichtmuseum Hagen.

Das wohl bekannteste Ausstellungsstück im Schloss selbst ist die Schwarze Hand, eine mumifizierte Hand, die der (nachweislich erfundenen) Überlieferung nach von der körperlichen Züchtigung von ungezogenen Kindern zeugt – ein gruseliges Relikt der Pädagogik vergangener Zeiten. Weniger gruselig, aber nicht weniger spannend, sind die im Rittersaal ausgestellten mittelalterlichen Rüstungen und Schwerter, die die Augen von kleinen Rittersleuten funkeln lassen.

Das Schloss Hohenlimburg öffnet heutzutage seine Türen für die Öffentlichkeit bei Veranstaltungen wie dem alljährlichen Weihnachtsmarkt sowie den überregional bekannten Schlossspielen. Weiterhin verspricht das Schloss eine romantische Idylle für standesamtliche Hochzeiten, wie der Autor, selbst am Fuße des Schlossberges aufgewachsen, aus eigener Erfahrung bestätigen kann. Der Fürsten- und Ballsaal bietet bis zu 100 Personen die Gelegenheit, der Trauung sowie den anschließenden Feierlichkeiten beizuwohnen.

Rund um den Schlossberg befindet sich eine Vielzahl von Wanderwegen, die teils erstaunliche Einblicke in die Schnittstellen zwischen Industrie und Natur ermöglichen. Auch die Lenne mit den dort befindlichen Parkanlagen sowie der professionellen Kanu-Slalom-Strecke am Rande der Hohenlimburger Innenstadt ist einen Besuch wert. Folgt man der Lenne noch weiter flussabwärts, so mündet sie zusammen mit der Ruhr in den Hengsteysee, an dessen Nordufer sich die Ruine der Hohensyburg sowie die landesweit bekannte Spielbank Hohensyburg befinden, deren Namensähnlichkeit mit dem Schloss Hohenlimburg gerne für Verwirrung sorgt.

Oliver Kreiter, Projektmanager für Modulentwicklung, ist gebürtiger Hohenlimburger und lebt seit 2017 in Warstein, der Heimatstadt seiner Frau Julia.

Mit dem Kanu auf der Ruhr

Das Sauerland aus einer anderen Perspektive

Den einen Lieblingsplatz zu benennen, ist für einen Sauerländer Kanufahrer gar nicht so einfach, bietet die Region doch gerade im Winter zahlreiche, wunderschöne und oft einsame Flüsse, die durch viel Gefälle, Wehre und Baumhindernisse auch definitiv einen sportlichen Charakter haben.
Auf Platz eins gelandet ist bei mir dann aber doch das 10 Kilometer lange Stück von Hüsten bis zum alten Gut Haus Füchte direkt vor der Haustür, gerade weil es den Sport für jeden erlebbar macht. Aufgrund zahlreicher Stauseen oberhalb ist ab hier auch im Sommer immer genug Wasser im Fluss, so dass gerade an heißen Tagen die ganze Familie Abkühlung und Sport kombinieren kann. Zudem ist dies einer der natürlichsten Abschnitte zwischen Quelle und Mündung: Keine größeren künstlichen Staustufen blockieren den Fluss, durch umfangreiche Renaturierungsarbeiten in den letzten zehn Jahren hat die Ruhr außerdem ihren natürlichen, mäandrierenden Charakter zurückerhalten.
Nach dem Start am Kirmesplatz in Hüsten geht es zunächst noch durch einen kurzen begradigten Abschnitt mit flotter Strömung in Richtung Neheim. Hier wartet eines der Highlights und gleichzeitig die schwerste Stelle der Tour: die Slalomstrecke in Neheim. In der Walze am Anfang der Strecke durfte schon so mancher seine ersten unfreiwilligen Schwimmerfahrungen sammeln. Je nach Wasserstand für Anfänger hauptsächlich ein Hindernis, ist sie bei Paddlern in ganz Nordrhein-Westfalen, aber auch in den angrenzenden Niederlanden als vermutlich beste Trainingsstelle für Freestylepaddler im weiten Umkreis bekannt. Nach der Slalomstrecke beginnen die renaturierten Bereiche der Ruhr, mal mit rasanter Strömung, mal etwas gemächlicher geht es zwischen Bäumen und Inseln flussab. In diesem Bereich liegen auch immer wieder Bäume im Wasser, diese können aber zumeist gut umfahren werden. Drei Kilometer unterhalb der Slalomstrecke mündet die Möhne von Warstein kommend in die Ruhr, diese ist im Winter oberhalb des Möhnesees ebenfalls ein häufiges Ziel für Paddler der Umgebung. Im weiteren Verlauf geht es dann entlang der Hügel der Haar vorbei an der Fürstenbergkapelle (mit ihrem schönen Ausblick auch immer einen Wanderausflug wert) zum Ausstieg in Haus Füchte.
Neben der Ruhr gibt es in der Warsteiner Umgebung viele weitere Flüsse und Bäche, die sich mit dem Kajak erkunden lassen. So sind im Sommer die Lippe oder die Lenne mit der Wildwasserstrecke in Hohenlimburg beliebte Ausflugsziele, im Winter gibt es nach Regen oder Schneeschmelze noch eine deutlich größere Auswahl mit verschiedensten Schwierigkeiten. In der Region gibt es einige aktive Kanu-Vereine, die die Gelegenheit zum Kennenlernen dieses tollen Sports bieten.

Paul Salmen arbeitet seit drei Jahren als Qualitätsingenieur bei Infineon Technologies AG in Warstein und ist seit Jahren sehr aktiv beim Kanu Club Wickede (Ruhr). Mit Familie und Kanuverein ist er überall auf den wilderen Gewässern Europas unterwegs.

Natur pur an der Mülheimer Schlacht
Wo sich die Möhne teilt

Einer meiner Lieblingsplätze, verehrte Leser, ist die Mülheimer Schlacht. An diesem traditionellen Fleckchen Erde teilt sich die Möhne in zwei Flussläufe auf. Der rechte versorgt die Wasserkraftanlage der Bio-Mühle „Eiling" über den Mühlenarm.

Das Wasser des linken Flusslaufs fließt über künstlich angelegte Staustufen im eigentlichen Flussbett der Möhne (alte Möhne). Fährt man mit dem Rad in Richtung Möhnesee, kommt man unterhalb der Tennisplätze in Sichtigvor an die Stelle, an der beide Flussläufe sich wieder verbinden.

Durch die Renaturierung in den letzten Jahren wurde der Bereich so aufgebaut, dass beide Flüsse gleichmäßig Wasser führen. Zum einen ist es sehr wichtig, dass die Mühle ihren Strom durch Wasserkraft erzeugen kann, zum anderen ist es wichtig, dass alle Lebewesen in der alten Möhne bei immer ausreichendem Wasserstand überleben können.

Warum ist dies ein Lieblingsplatz? Natur pur. Rauschendes Wasser. Eintritt in den Arnsberger Wald.

Der Blick von der Brücke in meinen Heimatort Mülheim mit der Silhouette des Klosters im Hintergrund. Wenn ich spazieren gehe oder mit dem Rad fahre, ist das immer ein entspannter Start einer Tour. Auf dem Rückweg ist das jedes Mal das Tor nach Hause. An dieser Stelle verweilen oft Familien mit ihren Kindern, Spaziergänger, Radfahrer und genießen einfach die Natur.

„Das ist Heimat. Wir haben alles vor der Tür. Radwege durch das Feld. Wanderungen im Wald. Top ausgebaute Radwege zum Beispiel nach Brilon oder zum Möhnesee." Wenn Rainer Stamen, Linienleiter der Hybrid Drive Linie, mit seiner Familie spazieren geht, ist die Mülheimer Schlacht immer ein Punkt, an dem sie kurz verweilen. Dort kann man die Seele baumeln lassen.

Der Bastenberg bei Ramsbeck

Panoramawanderung um den Bastenberg mit dem „einsamen Baum"

Einer meiner Lieblingsorte, den ich hier vorstelle, ist mein „Hausberg", der Bastenberg. Er erhebt sich direkt westlich von meinem Wohnort Ramsbeck. Mit 745 Metern zählt er zu den höchsten Bergen des nördlichen Sauerlandes. Er ist touristisch wenig erschlossen. Deshalb kann ich hier in Ruhe die frische Bergluft genießen. Wie fast alle Sauerländer Berge ist er mit den hierzulande üblichen Fichten bewachsen, die jede Fernsicht verhindern. Jedoch knickte „Kyrill" seinerzeit zahllose von ihnen um. Die so entstandenen Freiflächen bieten vielfältige Aussichtsmöglichkeiten. Anders als von einem Aussichtsturm hat man diese nicht nur von einer Stelle. Sie erschließen sich nach und nach von verschiedenen Positionen aus in alle Himmelsrichtungen. Bei Wanderungen um den Gipfel genieße ich gerne die Ruhe und die fantastischen Fernsichten, besonders an klaren Wintertagen.

Meine Vorzugsrunde startet oberhalb des Dorfes Berlar. Mit dem Aufstieg erreicht man bald die ersten Freiflächen mit Blick über Berlar hinaus auf den Arnsberger Wald mit Eversberg und dem Lörmecketurm. Anschließend schweift der Blick über die westlich

gelegenen Dörfer mit so malerischen Namen wie Blüggelscheid oder Moosebolle. Der Weg zieht sich kontinuierlich hinauf und erreicht schließlich eine aussichtsreiche Panoramastrecke. Diese endet am „einsamen Baum". Auf einem Sattel zwischen dem Gipfel und der Nachbarkuppe war eine einzige Fichte stark genug, um Kyrill zu trotzen. Sie steht nun hier als Bild für Widerstandsfähigkeit. Zusätzlich verleiht sie dem Ort eine besondere Markanz. Unter vielen sanft gewölbten Gipfeln ist der Bastenberg am „einsamen Baum" auch aus weiterer Entfernung gut erkennbar. Direkt gegenüber nach Osten schweift der Blick bis zu den Bruchhauser Steinen. Ihr Anblick begleitet einen weiteren kurzen Anstieg bis zum Gipfel. Dieser liegt zwar zwischen Fichten, am Gipfelkreuz aber gibt es ein Gipfelbuch, in dem man seinen Besuch verewigen kann. Der weitere Rundweg gibt den Blick auf den Stüppel frei mit dem Aussichtsturm im Fort Fun und dem Startgelände der Paragleiter. Nachdem die Bergaufetappe bewältigt ist, lässt sich deren Treiben gemütlich von zwei bequemen Bänken aus beobachten. Auf der Nordseite geht es hinab und man hat wieder den Arnsberger Wald mit seinem gesamten Panorama vor sich. Der Blick öffnet sich auf den Halbeswiger Steinbruch, dessen markante Abraumhalde als „Tafelberg" auch vom Stimm Stamm aus zu sehen ist, weiter auf die höchste Autobahnbrücke Nordrhein-Westfalens bei Nuttlar bis hin zu den Windkraftanlagen im Paderborner Land. Beim Abstieg verschwindet der Fernblick nach und nach hinter dem Horizont, bis sich die Runde am Berlarer Reiterhof schließt.

Reinhold Spanke lebt in Ramsbeck. Er arbeitet seit 1989 als Entwicklungsingenieur bei Infineon, vormals eupec, vormals AEG. Die frische Sauerlandluft genießt er beim Fahren mit dem Mountainbike, dem Motorrad oder beim Wandern.

Stadtpark Soest
Ein Ort für alle Altersgruppen

Der Stadtpark im Osten der Stadt Soest ist ein toller Ort für Groß und Klein. Die grüne Fläche liegt circa 1,5 Kilometer vom Stadtzentrum entfernt und bietet viele Aktivitäten wie zum Beispiel Spazierengehen, Joggen, Klettern, Tennisplätze und vieles mehr.

Es gibt dort einen schönen Spielplatz für jüngere und ältere Kinder mit einer langen Seilbahn, einer Tischtennisplatte, mehreren Schaukelplätzen und Sitzplätzen für die Erwachsenen.

Es gibt auch einen Kletterpark auf Bäumen für alle Altersklassen, mehrere Bäume sind mit Brücken oder Seilbahnen mit Hindernissen verbunden. Alle Kinder ab 1,30 m dürfen mit Begleitung einer erwachsenen Person klettern. Es gibt fünf Schwierigkeitsgrade – von leicht bis sehr schwer. Nach einer ausführlichen Einführung und kurzem Training kann der Spaß losgehen.

Auf dem Minigolfplatz, direkt am Eingang hinter dem Parcours des Kletterparks, kann man Minigolf spielen. Es gibt auch extra für Kinder kleinere Minigolfschläger, überhaupt ist es dort sehr kinderfreundlich. Auf 17 Bahnen mit vielen Sitzplätzen und Tischen kann man neben dem Golfspielen auch sein Picknick genießen.

In unmittelbarer Nähe des Minigolfplatzes gibt es auch ein Kaffeehaus, das „Paradies" heißt. Dort gibt es selbstgebackenen, leckeren Kuchen in verschiedensten Sorten. Für den großen Hunger gibt es auch warme Speisen. Bei schönem Wetter bietet der Garten des Cafés eine reizvolle Erholung draußen, fast wie im eigenem Garten zu Hause. Ein Ort für Genießer.

Es gibt rund um den Stadtpark schöne Strecken für Biker und Jogger. Für Spaziergänger sind genug Sitzgelegenheiten vorhanden.

Die Teenager und Jugendlichen haben ihren Spaß an der Skateanlage. Der moderne Skatepark ist ein schöner Begegnungsort und ein Treffpunkt für alle „Challengers".

Überall im Stadtpark ist Freundlichkeit groß geschrieben. Er eignet sich auch gut für Geburtstagsfeiern oder Familienausflüge mit viel Unterhaltung, ein Lieblingsort für alle Altersgruppen.

Dr. Reza Hussein lebt in Soest und arbeitet seit 2017 als Abteilungsleiter im Qualitätsmanagement am Standort Warstein. Mit seiner Frau Mahs, seiner Nichte Selin (der Hauptverfasserin) und seinem Neffen Sinan verbringt er viel Zeit im Stadtpark und genießt dort mit den vielfältigen Aktivitäten seine Freizeit.

Gleitschirmfliegen in Wenholthausen zwischen Meschede und Eslohe

Spiel mit den Naturkräften

Während des Studiums 1993 habe ich das motorlose Gleitschirmfliegen im Sauerland für mich entdeckt. Die Ruhe der sanften Hügellandschaft entspannt schon bei der kurzen Anreise aus Soest oder als Feierabendflug direkt aus Belecke. Als Mitglied im Verein SauerlandAIR stehen mir verschiedene Startplätze zur Verfügung, die alle rasch erreichbar sind. Ob in der Wiege des Sports beim Schulungszentrum in Elpe, am Stüppel bei Ramsbeck/Andreasberg, in Willingen am Ettelsberg oder Sonnenhang, Bruchhausen an den Steinen oder eben Wenholthausen-Oesterberge – für jede Windrichtung gibt es einen passenden Startplatz.

Beim Gleitschirmfliegen startet man, den Schirm hinter sich am Boden ausgelegt, von einer talwärts geneigten Wiese. Beim Anlaufen füllt sich der nur aus Leinen und dünnem Stoff bestehende Gleitschirm mit Luft und entwickelt dabei ein tragfähiges Profil. Nach einem kurzen Anlauf (Beschleunigungsphase) ist die Abhebegeschwindigkeit erreicht und bei ruhigen Bedingungen gleitet man zu Tal. Der Reiz dabei ist nicht nur der nahezu geräuschlose Flug, sondern das Spiel mit den Kräften der Natur. Wir Gleitschirmflieger wollen natürlich oben bleiben und suchen daher die Aufwinde, die als Warmluftpaket vom Boden aufsteigen. In diesen aufsteigenden Luftmassen drehen

wir unsere Kreise, ähnlich wie die Vögel oder Segelflugzeuge. An guten Tagen mit Schönwetterwolken und mit dem richtigen Gefühl erreichen wir so selbst von einem Hügel mit 60 Meter Höhenunterschied Flughöhen von bis zu 3.000 Metern – mehr ist über dem Sauerland auch nicht erlaubt. Leicht vorstellbar, dass die Aussicht von dort oben grandios ist und sich ein unbeschreibliches Glücksgefühl einstellt. Natürlich klappt das nicht so häufig, aber selbst ein kleiner Flug führt zu einer sofortigen Abkehr vom Alltag. Jemand hat mal treffend gesagt, Fliegen sei wie Schachspielen in 3D. Im Flug planen wir, treffen Annahmen, wo der nächste Aufwind sein könnte, schauen nach den Wolken und dem Boden und wenn der Plan dann aufgeht und man sich unter der nächsten Wolke befindet, beginnt das Spiel von vorn. So fliegen wir allein mit der Kraft der Sonne und des Windes auch schon mal mehrere Stunden über die Hügel des Sauerlands. Von oben hat man einen wunderbaren Ausblick über die Waldflächen, die vereinzelten Talsperren und kleinen Ansiedlungen.

Besonders schätze ich den Startplatz in Wenholthausen-Oesterberge, da wir dort fast 300 Meter Höhenunterschied für die Suche nach Thermik zur Verfügung haben. Allein der Startplatz in Richtung Eslohe ist die Anreise wert. Viele Wanderer und Mountainbiker kommen schon der Aussicht wegen dorthin.

Roman Tschirbs lebt in Soest und arbeitet seit 1999 in der Entwicklung von Infineon, vormals eupec GmbH. Beim Gleitschirmfliegen im Sauerland genießt er die Ruhe der Natur und die wunderbare Aussicht im Mittelgebirge.

Alme, „Das Dorf an den Quellen“

Wo Kalkstein auf Schiefer trifft – die Almequelle

Wasser, das im zerklüfteten Kalkstein der Briloner Hochfläche versickert, trifft am Nordhang des Briloner Massenkalks auf wasserundurchlässige Schieferschichten und tritt an die Oberfläche. So entspringt aus – in den 1930er Jahren gezählten – 104 Karstquellen das Flüsschen Alme.

Die Almequelle bietet sich für einen wunderschönen, kleinen Spaziergang an. Auf festen Wegen, mit sehr guter Beschilderung und ohne nennenswerte Steigungen sind es knapp 2 km zur Quelle und zurück.

Wir starten am Entenstall und überqueren zunächst die Alme. Ein kleiner Park mit Brunnen und Maibaum markiert den Anfang unseres Weges. Unter den alten Bäumen im Schatten wuschen die Frauen einst die Wäsche, daher der Name „Bleichstelle“. Eine Holzbrücke führt zurück zum Entenstall und lässt durch kristallklares Wasser einen guten Blick auf den Grund der Alme mit Wasserpflanzen und hin und wieder eine Forelle zu.

Rechts eine Wiese, die Alme zur Linken, führt der Weg in Richtung Quelle. Ein kurzer Schlenker um die Reste der alten Papierfabrik bringt uns zum sog. Obergraben, dem aufgestauten Teil der Alme. Hier ist tiefes Wasser unter hohen Buchen, Wasserpflanzen wechseln mit grauen, sandigen Stellen, über

denen Forellen stehen. Aus dem Berghang treten hier und dort kleine Quellen hervor. Mit etwas Glück sehen wir einen Eisvogel fliegen oder gar jagen. Aber auch ohne den „fliegenden Edelstein“ hat die Vogelwelt viel zu bieten.

Nach etwa 300 m erreichen wir den Quellteich. Dieser ist nicht natürlichen Ursprungs, sondern entstand durch das Aufstauen der Alme für die Papierfabrik. Die Quellen liegen zum größten Teil unter der Oberfläche. Wir können sie teils an Aufwallungen an der Wasseroberfläche, teils an runden, sandigen Flecken mit tieferem Wasser erkennen. Überall steigen Gasbläschen auf. Die Bäume im Teich, Wasserpflanzen, ein paar Enten, der Lichteinfall … Im Herbst spazieren Vögel über die treibenden Flöße aus Laub, wintertags spielt dünner Nebel über dem Wasser – die Almequelle ist zu jeder Jahreszeit ein verzaubernder Ort.

Am Quellteich gabelt sich der Weg. Wir könnten ins Mühlental abbiegen und den Hang hinaufsteigen. Oder wir umrunden den Quellteich auf halber Höhe des Hanges und wenden uns zurück zur Papierfabrik.

Zurück am Entenstall bietet es sich an, dem Fußweg am Almeufer flussabwärts zu folgen. Nach etwa 200 m liegt dort die Almer Schlossmühle (ausgezeichnet vom Guide Michelin) und lädt zur Einkehr ein. Ein Blick in die Innenräume lohnt sich auf jeden Fall.

Wer mehr möchte: Der Quellenweg – Wanderweg Q – führt in einer 6,5-km-Schleife zu den Quellen, ins Mühlental, hinauf zum Uhufelsen (der kleine Stichweg zum Felsen ist leider nicht ausgeschildert) und zurück ins Dorf.

Sandra Janzen arbeitet seit 2018 als Assistenz der Warsteiner Betriebsleitung bei Infineon. Gemeinsam mit ihrem Mann Guido (der maßgeblich beim Verfassen dieses Beitrags mitgewirkt hat) genießt sie das Wandern im Sauerland. Die Stimmung an den Quellen fasziniert und berührt die beiden immer wieder von Neuem. Es ist für sie ein ganz besonderer Ort.

Bergdorf LiebesGrün in Schmallenberg

Teile das Glück und es wird größer

„Es ist still und auf den ersten Blick gar nicht zu sehen. Ruhig liegt es da, am Waldrand unterhalb des Rothaarsteiges. Hier steht die Zeit still. Nicht nur für einen Moment. Hier passiert nicht viel. Und das ist gut so." So beschreiben die Gastgeber Ralf Blümer und Jessica Gerritsen ihr kleines Bergdorf LiebesGrün mitten im wunderschönen Schmallenberger Sauerland.

Schon die Fahrt zum LiebesGrün – von Soest circa eine Stunde – ist wunderschön und Entspannung pur. Vorbei an idyllischen Dörfern und vielen grünen Hügeln liegt es direkt am Rothaarsteig. Die besondere Atmosphäre des Dorfes spürt man schon beim „Einchecken". Statt eines Zimmers bezieht man eine Berghütte, ein Bergchalet oder ein Nest für zwei Personen. Die rustikalen Holzhäuser sind mit sehr viel Liebe zum Detail eingerichtet und bieten je nach Größe Platz für 2–6 Personen. Was hier fehlt? Absolut nichts! Von der Badewanne mit freiem Blick in die Natur über Holz für den Kaminofen bis zum Rebenschatz im Weinschrank – heimeliger kann Erholung nicht sein. Ein weiteres Highlight ist das individuelle Frühstück, das jeden Morgen zur gewünschten Zeit in einer Holzkiste in die Hütte gebracht wird.

Auch im Umkreis vom LiebesGrün gibt es jede Menge zu entdecken – ob Radfahren, Golfen, Reiten oder einfach durch idyllische Dörfer bummeln. Besonders zu empfehlen ist der Kyrill-Pfad in Schanze: Auf einer landeseigenen Fläche wurde der Wald so erhalten, wie Kyrill ihn am 18. Januar 2007 hinterlassen hat. Auf einem über 1.000 Meter langen Pfad wird für den Besucher das Chaos, das dieser Sturm hinterlassen hat, unmittelbar und hautnah erlebbar. Der Kyrill-Pfad beginnt auf der rechten Seite kurz hinter der Skulptur „Krummstab".

www.liebesgruen.de

Sarah Töpfer arbeitet seit dem 01.01.2016 bei der Infineon Technologies Bipolar und verantwortet dort die interne und externe Kommunikation. Seit 2015 lebt sie in Soest und hat in ihrer neuen Heimat viele Lieblingsorte – unter anderem das LiebesGrün in Schmallenberg.

QUELLWASSER
HIMMELSTREPPE

Eine Treppe, die in den Himmel führt

Es geht hoch hinaus

333 Stufen, die vom Hennepark bis auf den Hennedamm führen.
Jetzt denkst du dir wahrscheinlich: „Puhh, das sind 'ne Menge Stufen, die ich hochlaufen müsste … Ob sich das lohnt? Ich kann dir sagen: Absolut!
Denn oben erwartet dich eine tolle Aussicht und eine schöne Promenade für einen entspannten Spaziergang am Tag oder bei Nacht. Bei Nacht erstrahlt sowohl die Treppe als auch die Aussichtsplattform in schönem Licht und zaubert dir eine gemütliche Atmosphäre.

Die Himmelstreppe ist definitiv mein Lieblingsort in Meschede. Abends gehe ich besonders gerne auf der Promenade spazieren und schaue mir die beleuchtete Himmelstreppe an – einfach sehenswert!
Wenn man oben steht und nach unten schaut, fühlt es sich so an, als würde man oben auf einer Wolke sitzen.

Die Himmelstreppe mit 55 Höhenmetern ist meiner Meinung nach das Highlight entlang des Henne-Boulevards. Sie ist durch ihre rustikale Stahloptik ein Hingucker inmitten des grünen Landschaftsraums. Vor den Treppen gibt es außerdem einen Trinkbrunnen, der 2016 errichtet wurde und das Wasser aus der Quelle „Köpperkopf" bezieht.

Mein Tipp: Zum Treppensteigen solltest du genügend Energie und Zeit mitbringen! Ruh' dich auf den Bänken im mittleren Abschnitt der Treppe aus, bevor du die letzten Stufen nach oben erklimmst. Ich will ja nicht zu viel verraten, aber auf der Promenade oben gibt es noch ein feines Lokal, das „Chillin". Dort gibt es im Sommer Softeis! Diese Belohnung solltest du dir nach den 333 Stufen doch gönnen. ;)

Schadi Marandi studiert Design & Projektmanagement an der Fachhochschule in Soest und arbeitet seit Mai 2020 als Werkstudentin bei Infineon in der Kommunikationsabteilung.
Sie hat eine kreative Ader und lässt sich inspirieren von Orten, Geschichten und beim Spazierengehen. Ihr Motto: Choose a job you love and you will never have to work a day in your life.

Warsteiner Internationale Montgolfiade

Bunter Himmel über Warstein

Mein Lieblingsevent, neben dem heimischen Schützenfest, ist auf jeden Fall die Warsteiner Internationale Montgolfiade, kurz WIM.

Mein Mann und ich sind schon seit Jahren große Fans dieser Veranstaltung, die immer Anfang September stattfindet. Es war und ist für uns stets wieder ein ergreifendes Bild, wenn sich über 100 Heißluftballons in den Himmel erheben.

Jedes Jahr am ersten Septemberwochenende machen „Ballöner" den Warsteiner Himmel bunt.

In den frühen Morgenstunden und am späten Nachmittag kann man die Himmelsriesen bestaunen. An dem zehntägigen Ballonfestival nehmen rund 250 Ballonteams aus aller Welt teil. Neben den „normalen" Ballons sind besonders die „Special Shapes"-Sonderformen ein optisches Highlight. Da kann es schon mal vorkommen, das „T-Rex" neben „Holz-Alfred" und dem „dicken Anton" steht. Da strahlen nicht nur Kinderaugen.

Für uns ist auch immer noch das Night Glow und das anschließende Feuerwerk ein absolutes Highlight. Beim Night Glow werden mit Einbruch der Dunkelheit die Ballons aufgestellt. Mit Hilfe der Flammen werden die Hüllen dann von innen im Takt der Musik beleuchtet.

Natürlich hat auch die Kirmesmeile ihre Reize, hier findet sich alles, was das Herz begehrt, neben unterschiedlichen Karussells ist auch für das leibliche Wohl bestens gesorgt. Mein absoluter Lieblingsstand ist das „Hirtenbrot" – Schafskäse in vielen Variationen im Fladen-

brot – hm, lecker. Für Getränke sorgt die Warsteiner Brauerei.

Im großen Festzelt treten fast jeden Abend Live-Bands auf und sorgen für Stimmung. Besonders gut besucht ist die „After Work Party“ am Donnerstagabend, hier trifft man dann auch den ein oder anderen Infineon-Kollegen.

Wer sich etwas Besonderes gönnen möchte, kann auch mal einen Tag im VIP-Zelt buchen. Von der exponierten Terrasse aus kann man die Ballonstarts wunderbar beobachten und sich von nachmittags bis spät in den Abend hinein mit Speisen und Getränken verwöhnen lassen.

Natürlich besteht auch die Möglichkeit, mal eine Fahrt mit dem Heißluftballon zu buchen, ebenso kann man mit einem Helikopter oder dem Luftschiff seine Runden über das Festivalgelände drehen.

Wir haben diese Chance auch schon genutzt und eine unvergessliche Fahrt mit einem Heißluftballon gemacht. Aus dieser einen sind mittlerweile sehr viele geworden. Die „Sucht“ Heißluftballon hat uns nicht mehr losgelassen.

Aus uns begeisterten Zuschauern wurden ziemlich schnell „Erdferkel“ und mittlerweile ist mein Mann Ballonpilot mit eigenem Heißluftballon.

Wenn euch das Abenteuer Heißluftballon interessiert oder ihr gerne mal eine Fahrt buchen möchtet, meldet euch einfach bei mir. Oder schaut mal auf unserer Homepage www.ballonfahrten-sauerland.de vorbei.

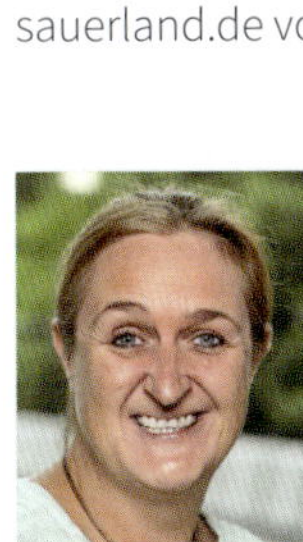

Sonja Thamm wohnt und lebt in Wehrstapel und ist seit 2008 bei Infineon. Angefangen hat sie im YIP-Büro, darauf folgte eine Anstellung als Internal Sales, heute Sales Operation Management. In ihrer Freizeit unternimmt sie gerne etwas mit ihrer Familie und tankt „über den Wolken“ Kraft.

Ein Spaziergang rund um den Möhnesee-Turm
Erholung für die Sinne

Was gibt es Schöneres als sich eine kleine Auszeit zu gönnen und dem Alltag zu entfliehen? Kleine Pausen – weit entfernt von Hektik und Stress –, die uns durchatmen lassen und in denen wir die Seele baumeln lassen können. Umso schöner, dass das Freizeitangebot in unserer Region recht groß ist und die Wege daher kurz sind.

Da mich Wasser fasziniert und eine große Anziehung auf mich ausübt und ich zudem durch Reisen in Skandinavien das Wandern und Spazieren in der Natur für mich entdeckt habe, verbringe ich meine Zeit gerne am Möhnesee. Für mich ist es die perfekte Mischung aus „Zeit verbringen am See" und „einem Spaziergang durch den Wald". Einer meiner Lieblingsorte ist daher der Möhnesee-Turm. Er ragt mit seinen 38,8 m Höhe über die Baumwipfel und schenkt ein wunderbares 360°-Panorama über den Möhnesee, den Haarstrang und den nördlichen Rand des Naturparks Arnsberger Wald, welcher eines der größten zusammenhängenden Waldgebiete Deutschlands ist.

Mir gefällt es außerdem sehr gut, dass der Turm nicht mit dem Auto zugänglich ist, sondern dass erst etwas Bewegung erforderlich ist, bevor man den Turm erreicht und mit einer tollen Aussicht belohnt wird. Denn es ist auch dieser Spaziergang und das Laufen im Wald, das den Kopf freimacht und die Sinne wieder schärft: der erdige Geruch, das Rauschen der Blätter, das Lichtspiel zwischen den Bäumen und auch die Aktivität. Erholung pur – egal zu welcher Jahreszeit!

Startet man seine Runde am Wanderparkplatz „Torhaus“, so führt der Weg zum Turm durch den Klangwald. Der Klangwald ist das Ergebnis eines Ideenwettbewerbs, den das Ministerium für Umwelt, Landwirtschaft, Natur- und Verbraucherschutz in NRW 2007 veranstaltete und den der Naturpark Arnsberger Wald mit seinem Beitrag „Mythos Wald“ gewonnen hatte. Es wurden zehn Klangkunstobjekte entlang eines kleinen Rundwegs angelegt, die entweder vom Wind oder auch Personen bespielt werden können. An einigen Stationen kann Klang daher auch mit dem Körper wahrgenommen werden, wie beispielsweise in der Klangwiege.

Angekommen am Möhnesee-Turm ragt der mit Douglasienholz verkleidete Stahlriese wie ein Leuchtturm empor und 206 Stufen später kann man dann seinen Blick über das weite westfälische Wald-Meer schweifen lassen. Eine herrliche Aussicht! Kleine Hinweistafeln erklären, was am Horizont zu entdecken ist. Und da wir uns mitten auf der „Sauerland-Waldroute“ befinden, halten auch viele Fahrradfahrer und Wanderer an, um die Landschaft zu genießen. Bänke laden zum Verweilen ein.

Verspürt man dann auf dem Rückweg noch etwas Hunger und Durst, so werden auch diese Bedürfnisse bei einer Einkehr in einem der lokalen Restaurants und Cafés gestillt. Ein Rundum-Sorglos-Paket.

Stefanie Radine, Projektleiterin im Industrial Engineering, lebt in Erwitte und arbeitet seit 2011 für Infineon. In ihrer Freizeit ist sie gerne unterwegs und erkundet Land und Leute.

CH HER LAS DIR BEVALEN SEIN DISHAVSZ VNDT ALLES
Ratskeller

Der historische Stadtkern von Wiedenbrück

Westfälische Fachwerk-Idylle

In Westfalen lässt es sich gut leben. Das liegt nicht nicht nur an der wirtschaftlich gesunden Struktur der Region, die sich in zahlreichen hochmodernen Unternehmen wie Infineon in Warstein äußert, sondern auch an den vielen kleinen Städtchen, die sich ihren alten Charme mit Denkmälern, historischen Straßen und Plätzen bewahrt haben. Und davon gibt es einige in Westfalen. Wiedenbrück ist eine davon, und zwar eine der schönsten.

Wer mit offenen Augen durch die Altstadt schlendert, kann einiges entdecken. Historische Fachwerkhäuser aus dem 16. bis 19. Jahrhundert, bestens erhalten und sorgfältig restauriert, prägen das Bild der mehr als tausendjährigen Stadt. Prunkvoll verzierte Giebel und reich beschnitzte Fassaden von über 200 denkmalgeschützten Gebäuden, malerische Gassen und Kopfsteinpflaster erzählen von alten Zeiten. In diesen Häusern finden sich heute zahlreiche inhabergeführte Geschäfte, von Feinkostläden über Juweliere, Boutiquen und Modeläden bis zu hervorragenden Restaurants. Der historische Marktplatz ist in Sommertagen ein einziger großer Biergarten. Direkt neben der Altstadt fließt die Ems, eingebettet in die „Flora Westfalica“, das Gelände der Landesgartenschau von 1988. Dieser Park ist stets top gepflegt und jederzeit kostenlos zugänglich.

Jeden Sommer werden die sogenannten Alltagsmenschen, überdimensionierte Gipsfiguren mit Alltagsmotiven, aufgestellt. Ihr Anblick macht einfach gute Laune. Da die Anordnung jedes Jahr leicht verändert wird, fragt man sich jeden Frühling, was es wieder Neues zu entdecken gibt.

Nicht zu vergessen ist der Wiedenbrücker „Christkindlmarkt“, ein kleiner, aber feiner Weihnachtsmarkt vor historischer Kulisse, der jedes Jahr Tausende Einheimische und Touristen anlockt.

Stefan Vollmer lebt in Wiedenbrück und arbeitet seit 2002 in verschiedenen Funktionen bei der Infineon Technologies AG, vormals eupec GmbH. Zur Zeit beschäftigt er sich mit Themen aus dem Bereich Industrie 4.0.

Der Natur-Erlebnis-Raum an der Ruhr

… Erlebnislandschaft, aber auch ein Ort der Entspannung

Durchschnittlich 35 Kilometer von der Infineon Technologies AG in Warstein entfernt findet man, direkt an der Rundturnhalle sowie an den Radwegen Möhnesee-Tour, 3-Klöster-Tour und dem Ruhrtalradweg gelegen, den Natur-Erlebnis-Raum an der renaturierten Ruhr in Arnsberg.

Auf einer Gesamtfläche von 7.000 Quadratmetern gibt es neben Blumenwiesen, Wildstauden, Gräsern, Farnen, Büschen, Bäumen auch vereinzelte Spielgeräte. Wobei die Landschaft an sich hier eigentlich das „Spielgerät" ist. Erdmodellierungen mit Höhen und Tiefen laden zu Bewegung und Spiel ein. An der unmittelbar angrenzenden renaturierten Ruhr lassen sich zahlreiche Tierarten, insbesondere Wasservögel und Insekten, beobachten. Es ist ein Ort der Begegnung und Kommunikation für alle Generationen. Das Angebot ermöglicht die generationsübergreifende Nutzung des öffentlichen Raumes – für Kinder und Jugendliche, Familien und Naturinteressierte. Die vorhandene biologische Vielfalt bringt ein vielfältiges Tier- und Pflanzenleben auf die Fläche, macht Naturerlebnis, Entdecken und Staunen möglich. Erwachsene und insbesondere Kinder und Jugendliche werden hier an folgende Bereiche herangeführt: vielfältige Lebensräume heimischer Pflanzen, die darin lebenden heimischen Tiere sowie deren biologische Vielfalt. Dadurch wird ein wertschätzender Umgang mit der Natur vermittelt.

Zudem werden anhand von zahlreichen Schautafeln beispielsweise Tiere im Uferbereich und im Fluss sowie noch viele weitere Natur-Themen dargestellt und erläutert. Angereichert wird das Ganze mit Erlebnisstationen, wie zum Beispiel einem Barfußpfad, einem Aussichtskorb, einem Landschaftsfenster und dem „Akustischen Wellenleiter". Bei Letzterem handelt es sich um ein Kommunikationsmittel. Im Natur-Erlebnis-Raum und auf dem Schulgelände am gegenüberliegenden Ruhrufer ist jeweils eine Stahlhalbschale aufgestellt. Die beiden gewaltigen Halbschalen an den Ruhrufern ermöglichen es, sich mit seinem Gegenüber auf der jeweils anderen Flussseite zu unterhalten. Es ist eine Art „Flüsterbrücke" über die Ruhr. Spricht oder „flüstert" man in die Schale hinein, so wird der Schall in die gegenüberliegende Schale geworfen, so dass man dort gehört und einem geantwortet werden kann. Die Distanz zwischen den Schalen beträgt 60 Meter. Der Durchmesser der Schalen aus gestrahltem und lackiertem Baustahl beträgt drei Meter. Jede Schale wiegt 1.200 Kilogramm!

Der Natur-Erlebnis-Raum sowie die angrenzenden Ufer der renaturierten Ruhr laden aber auch auf den terrassenförmig angelegten Stufen sowie installierten Liegen zum Pausieren, Entspannen und Verweilen ein; die Ruhr sorgt sogar an warmen Tagen für eine kleine Erfrischung.

Und so ist der Natur-Erlebnis-Raum und die angrenzende renaturierte Ruhr für mich zu einem meiner Lieblingsorte geworden.

www.arnsberg.de/
natur-erlebnis-raum

Stephanie Steinke lebt in Alt-Arnsberg und arbeitet seit 1989 am Standort Warstein. Seit Beendigung ihrer Ausbildung bei der AEG ist sie als Mitarbeiterin in der Personalabteilung in verschiedenen Funktionen bei Infineon, vormals eupec GmbH, tätig.

HENNESEE

Die Hennetalsperre
Nicht nur Wasserreservoir fürs Ruhrgebiet

Aus dem einfachen Campingplatz wurde der Knaus Campingpark – ein Feriendorf mit Ferienhäusern entstand ebenfalls. Heute haben der Hennesee und seine Umgebung touristisch viel zu bieten.
Es gibt zwei bewachte Badestrände, Schiffsrundfahrten mit der MS Hennesee sowie zahlreiche Wassersportmöglichkeiten auf dem See.

Besonders schön ist es, die 333 Stufen der Himmelstreppe zum Staudamm hinauf zu gehen und natürlich wieder hinunter. Der zwei Kilometer lange Sinnespfad mit 10 Mitmachstationen, die XXL Bank und das Holzschiff mit tollem Blick auf den Hennesee sind für Jung und Alt ein schönes Erlebnis. Bei niedrigem Wasserspiegel kann man den Verlauf der alten B55 sehen und auch begehen, zuletzt im heißen Sommer 2018.

Xavers-Ranch ist ein besonders schöner, uriger Landgasthof mit Ferienwohnungen und vielen Tieren. Er ist über die asphaltierte und für Kfz gesperrte Ostuferstraße als Wander- oder Fahrradziel gut zu erreichen.

Fazit: Manchmal muss man gar nicht weit verreisen, um vom Alltagsleben etwas Abstand zu gewinnen.

In Warstein geboren und aufgewachsen machte Susanne Eßfeld, die als Operator in der Fertigung bei der Infineon Technologies Bipolar arbeitet, schon in den frühen 1970er Jahren als Kind Bekanntschaft mit dem Hennesee und seiner Umgebung. Ihre Eltern hatten dort einen Wohnwagen – Urlaub und Wochenenden verbrachten sie am Hennesee. Auch heute noch ist er einer ihrer Lieblingsorte.

Standortübungsplatz bei Büecke

Einmalige, „gestaltete" Landschaft

Der ehemalige Truppenübungsplatz Büecke fasziniert mich, seit ich dort 2010 nach meinem Umzug in den Kreis Soest zum ersten Mal umherstreifte. Ich finde, das Gebiet hat einen ganz besonderen Zauber. Ich mag die vielfältige Landschaft, die einzigartige Natur, die verlassenen Schießanlagen und Munitionsbunker, den Ausblick von der Hochfläche auf die Stadt Soest und die Börde und ich mag die Gelbbauchunke. Die was? Die Gelbbauchunke! Doch davon gleich mehr.

Das heutige „Naturschutzgebiet ehemaliger Standortübungsplatz bei Büecke" liegt südlich von Soest auf der Nordabdachung des Haarstrang. Dort bietet es eine in dieser Gegend einmalige Landschaft, denn auf dem Gebiet wurde nie Ackerbau betrieben. Die drei durch Schledden, tief eingeschnittene Trockentäler, getrennten Hochflächen sind ein naturnahes Kleinod inmitten der Ackerlandschaft von Börde und Haar.

Obwohl oder besser, gerade weil die Fläche bereits seit der Zeit vor dem Ersten Weltkrieg militärisch genutzt wurde, konnte sich hier, abgeschottet von der Öffentlichkeit, eine vielfältige Pflanzen- und Tierwelt mit seltenen Arten entwickeln.

Auf den trockenen Hochflächen fließt kein Wasser. Dennoch hat sich neben einer interessanten Vogelfauna ein bemerkenswerter Amphibienbestand etabliert. Ursache war wieder die militärische Nutzung: Durch ständiges Befahren mit Panzern und Radfahr-

zeugen bildete sich auf den Wiesen ein Mosaik von unzähligen Fahrspuren, Kuhlen und Trichtern, die von Regenwasser gefüllt vor allem einer besonderen, weil mittlerweile leider äußerst seltenen Amphibienart einen idealen Lebensraum bot: der Gelbbauchunke. Der kleine unscheinbare Froschlurch braucht die Dynamik von temporären Kleinstgewässern, die nach dem Ende der militärischen Nutzung 2004 zunehmend verloren ging.

Jetzt gibt es hier nur noch Restbestände der bedrohten Art, die heute durch Naturschützer der Arbeitsgemeinschaft Biologischer Umweltschutz im Kreis Soest, ABU, gestützt und entwickelt werden. Außerdem wird das Gelände nun nicht mehr durch schweres Militärgerät von der Verbuschung bewahrt, sondern seit 2013 durch eine naturnahe Ganzjahresbeweidung mit halbwilden Konikpferden und auerochsenähnlichen Taurusrindern offen gehalten.

Weitere Informationen gibt es z. B. hier: https://www.naturschaetze-suedwestfalens.de/Gebiete/Kreis-Soest/07-Kleiberg

Übrigens: Nach einer Erkundungstour im weitläufigen Gebiet lädt das Waldrestaurant „Zur Steinkiste“ noch zum weiteren Verweilen ein. Das allein stehende Gasthaus am nördlichen Ende des Naturschutzgebiets ist nach dem „Steinkistengrab“ benannt, einer jungsteinzeitlichen Grabstätte gleich nebenan. Empfehlenswert sind Wildgerichte und spanisch-portugiesische Spezialitäten.

Thomas Auer stammt aus dem Süden Baden-Württembergs. Seit 2009 arbeitet er in der Entwicklung bei Infineon. Er lebt mit seiner Frau und den zwei Töchtern in Warstein Waldhausen. Thomas liebt die Natur und engagiert sich im Artenschutz. Er erkundet gerne ökologisch interessante Orte in der Nähe.

Die Niedersfelder Hochheide – faszinierend vielseitig

Das Hochsauerland von seiner schönsten Seite

Mein Lieblingsort ist da, wo Nordrhein-Westfalen am höchsten ist, nämlich in meinem Heimatort Niedersfeld.

Die Ruhr ist das berühmteste Wasser des Winterberger Ortsteils. Niedersfeld ist das erste Dorf an der Ruhr und auch sonst spielt hier das Wasser eine große Rolle. Die vielen Quellen, die sich durch die weitläufigen Täler den Weg nach unten suchen, versorgen die Ruhr mit dem frischen Lebenselixier. Auf 550 Höhenmetern liegt die höchste Talsperre NRWs. Der Hillebachsee ist eine echte Erlebniswelt und längst kein Geheimtipp mehr: Outdoorsport, Chillen, Wasserski oder die Spielewelt ziehen Menschen aus Nah und Fern an. Die Quellhöhe der Hille liegt bei gut 700 Höhenmetern und das klare Wasser wird einmal Teil des Rheins sein. Der Blick ins Ruhrtal ist übrigens vom Gipfelkreuz des Rimbergs (765 Meter) atemberaubend und geht weit ins Sauerland.

Noch höher hinaus schafft es die Hoppeckequelle, die Teil meines Lieblingsortes ist. Dieses Rinnsal tritt auf 780 Höhenmetern an die Oberfläche und fließt, anders als Ruhr und Hille, rechtsseitig zur Weser. Ein paar hundert Schritte weiter stehe ich auf dem Clemensberg. Vom Gipfelkreuz auf 840 Metern kann ich

dem Kahlen Asten fast „auf den Kopf" spucken. Kahler Asten, Skigebiete, Winterberger Hochfläche, Medebacher Bucht und auf der anderen Seite die Upländer Berge und der Langenberg sind im Rundumblick fantastisch anzusehen.

Mit dem Mountainbike sind es nur wenige Minuten bis zur höchsten Erhebung unseres Landes, aber diesmal entscheide ich mich, per pedes den Langenberg zu erklimmen. Eigentlich ein Klacks, denn der Rothaarsteig würde mich in einer halben Stunde dorthin führen. Aber die Hochheide ist so faszinierend, dass ich immer wieder stehen bleibe und genieße. Die karge Fläche auf 815 Höhenmetern mit ihren Beeren, Sträuchern und Krüppelkiefern ist einzigartig. Mein Weg führt mich über den Goldenen Pfad, der mir diese Einzigartigkeit mit Infotafeln erklärt und mich dazu animiert, diese Natur zu spüren, zu fühlen, zu riechen und zu erleben.

Mein Ziel vor Augen, geht es dann aber doch weiter auf den Langenberg. Eine schöne Aussicht finde ich hier leider nicht vor, dafür jedoch ein Gipfelkreuz, was mir bewusst macht, dass ich hier am höchsten Punkt unseres Bundeslandes bin. Über die Winterberger Hochtour geht es durch die spannenden Höhen meiner Heimat und geradewegs zur Hochheidehütte, meinem Etappenziel. Auch hier auf 805 Metern genieße ich den weiten Blick auf die Sauerländer Berge, belohne mich mit einem Sauerländer Premiumpils und freue mich, hier zu sein.

Thomas Schmidt arbeitet seit April 2018 bei Infineon als System Engineer. Als Lieblingsplatz möchte er den Kolleg*innen gerne die Niedersfelder Hochheide und Umgebung näherbringen. Diese überzeugt zu jeder Jahreszeit mit eindrucksvollen Landschaften sowie grandiosen Panoramablicken.

Steinbruch, Badesee und heute stilles Naturschutzgebiet

Lost Place: Drewer Steinbruch

Fährt man von Warstein-Belecke in Richtung Rüthen-Drewer kommt man kurz nach der Ortsausfahrt Belecke zwischen den Drewer Steinbrüchen durch. Diese sind von der Straße nicht direkt zu sehen. Sie wurden vom Menschen gesperrt, nun holt die Natur sie sich zurück.

In den Steinbrüchen wurde um die Jahrhundertwende zum 20. Jahrhundert Bruchstein abgebaut.
Nach Stilllegung der Steinbrüche hat sich in dem westlichen Steinbruch ein See gebildet, welcher von einer circa 20 Meter hohen und sehr steilen Klippe umrandet ist. Aus der Luft betrachtet sieht man ein Loch in der Landschaft, welches durch Baumbewuchs umrandet ist und wie der Einstieg in eine andere Welt wirkt. Und diese hat sich hier auch entwickelt.

Der See war bis circa Ende der 80er Jahre eine Art inoffizielles Freibad der Region. Viele Badegäste und Taucher kamen hierher, um ihre Freizeit zu verbringen. Erlaubt war dies offiziell nicht. Wegen der Steinschlaggefahr von den Steilwänden der Klippe war das Betreten des Geländes nicht erlaubt. Dennoch wurde der See als Freizeitstätte genutzt und, wenn es zu viel wurde, von der Polizei geräumt. Bereits in dieser Zeit konnte man der Natur zusehen, wie sie sich das Gelände zurückholte und einrichtete.

In den 90er Jahren wurde der Steinbruch zum Naturschutzgebiet erklärt und durch ein schweres Eisengitter verschlossen, damit sich die Natur ungehindert einrichten kann. Von da ab konnte man nur von oben in den Steinbruch auf den See schauen.
Eine regionale traurige Berühmtheit erlangte der Ort im Jahr 2010, als dort ein Auto entsorgt wurde. Danach wurde auch der Bereich oberhalb der Klippe eingezäunt und es wurde still um den Steinbruch.

Im Jahr 2014 wurde eine Aussichtsplattform auf der Klippe aufgestellt. Man hat dadurch die Möglichkeit, wieder auf den See zu schauen und sich dort die Natur anzusehen. Der Blick zum See erfolgt durch ein nachempfundenes Fossil.

Ebenfalls hat man die Möglichkeit, dort auf den Bänken eine Rast zu machen. Das macht den Ort zusätzlich so interessant, denn man kann ihn sehr gut in Wander- oder Radtouren in diesem Gebiet einbinden, dort pausieren und den Anblick des Sees und die Ruhe genießen. Die Aussichtsplattform findet man unter 51°29'37.6"N 8°21'03.3"E.

Touristinformationen findet man unter:
www.warstein.de
www.sauerland.com

Tommaso D'Amico lebt in Warstein und arbeitet seit 2000 in verschiedenen Funktionen im Quality Management von Infineon, vormals eupec GmbH. Seine Kindheit und Jugend hat er unweit von dem von ihm beschriebenen Ort im Gewerbegebiet Wiebusch verbracht. Damals und auch heute noch besucht er diesen Ort.

Die Bohnenburg / The Bohnenburg

Einfach ein Gedicht / Simply a poem

Die Bohnenburg, ein Ort zum Schwelgen

The Bohnenburg, a Location to unwind

Straff geschnürt der sportlich Schuh,
nach Feierabend ist Bohnenburg das Ziel,
wir traben vorbei an der Belecker Kuh,
jeder Schritt erhöht das Chill-out-Gefühl.

Dort Belecke, hier die Bohnenburg
und am Wald bis Rüthen
die Biene für Honig fleißig surrt
zwischen Wabe und Blüten.

Derweil das Wild grunzt im Walde,
traditionell jeden ersten Mittwoch
duften Reibeplätzchen auf Halde,
dazu Saft aus golden Gerste gekocht.

Und Hügel hier und Hügel dort
zur Linken und zur Rechten,
die Bohnenburg, das ist ein Ort
zum Schwärmen und zum Schwelgen.

Sometimes smaller things in life leave a much bigger impression. Who would have imagined that a casual dinner meeting, in the middle of nowhere, is now one of the most awaited events of the month. Every first Wednesday of

the month we take a small hike from Belecke to „Gaststätte Zur Bohnenburg" through the woods to enjoy the traditional Reibeplätzchen meal („ground potato pancakes"). It is a place well hidden in the woods and offering an old-fashioned ambience with some local cuisine and of course lots of beers. Most importantly, it is a place for friends to unwind.

Ulrich Schwarzer wohnt in Belecke und ist seit 2005 als promovierter Ingenieur der Elektrotechnik in der Entwicklungsabteilung der Infineon Technologies AG, vormals eupec GmbH, tätig. Neben Joggen, Segeln und Rennradfahren trifft sich Ulrich nach Feierabend gerne mit seinem Kollegen Vishal Jadhav an jedem ersten Mittwoch im Monat zum traditionellen Reibeplätzchen-Essen auf der Bohnenburg.

Vishal Jadhav joined Infineon India in 2007 as an Application Engineer. Since 2015 he has been with Infineon Warstein in the Technical Marketing department. He enjoys trekking, cycling and hiking in the forest. On the first Wednesday of the month Vishal often meets his colleague Ulrich Schwarzer for a small 4 km hike to Bohnenburg to take part in the traditional Reibeplätzchen meal.

Der Grüne Winkel
Das grüne Herz von Lippstadt

Ein ganz besonders zauberhafter Ort in Warsteins Nähe ist der Grüne Winkel in Lippstadt. Lippstadt liegt circa 30 Kilometer nördlich von Warstein und ist mit ihrer Gründung im Jahre 1185 die älteste Planstadt Westfalens. Sie wurde direkt an der Lippe erbaut, ein Nebenfluss des Rheins in Nordrhein-Westfalen. An ebendieser Lippe präsentiert sich der Grüne Winkel – das grüne Herz Lippstadts – als eine weitläufige Parklandschaft, durchzogen von großen und kleinen Wasserläufen, Teichen und Weichholzauen. Er bietet Besuchern eine atemberaubende Kulisse und eine Ruhe-Oase zur Erholung.

Der Grüne Winkel befindet sich in unmittelbarer Nähe zu Lippstadts historischer Altstadt und der vielfältigen Einkaufsstraße. Nach einem Nachmittag in der Innenstadt lässt sich bereits nach fünf Minuten Fußweg der Sonnenuntergang über der Lippe genießen. Besonders schön zeigt sich dieser über dem alten Steinwehr, das eines der letzten Überreste der alten Befestigungsanlage in Lippstadt ist.

Im Park finden sich zahlreiche gemütliche Ecken und Winkel mit Sitz- und Liegemöglichkeiten zum Ausspannen. Dazu begeistern große Wiesen zum Fußballspielen, tolle Rundwege zum Joggen oder Gassi gehen sowie spannende Wasserrouten für Kanutouren. Auch bietet der Grüne Winkel abenteuerliche Spielplätze für die Kleinen, sodass wirklich Jung und Alt einen unvergesslichen Ausflug genießen können. Ein kulinarisches Highlight möchte ich noch erwähnen – das Café im Grünen Winkel und sein hervorragendes Frühstücksbuffet!

Regelmäßige kulturelle Veranstaltungen verwandeln den Grünen Winkel in einen stimmungsvollen Ort des Lichts, der Farbe und des Feierns – ein leuchtendes Feuerwerk, bunte spektakuläre Wasserspiele während der Lippstädter Herbstwoche, das Picknick in Weiß im Sommer, der Lichtkunst-Spaziergang entlang der Lippstädter Lichtpromenade und vieles mehr.

Ein Besuch des Grünen Winkels ist also fast schon ein Muss, um noch eine weitere Facette unserer wunderschönen Heimat Westfalen kennenzulernen.

Noch ein Tipp: Parken Sie direkt am Parkplatz „Kuhmarkt“ im Lippstädter Norden, spazieren Sie Richtung Osten in den Grünen Winkel und lassen Sie die Umgebung auf sich wirken – Sie werden ein Stückchen Urlaub im Herzen der Stadt finden. :)

Vanessa Mischke gehört seit Februar 2017 zu Infineon. Als Talent Attraction Managerin schlägt ihr Herz für Talent Marketing und Talent Recruiting. Dabei möchte sie Talente nicht nur für Infineon, sondern auch für die wunderschöne und vielfältige Region rund um Warstein begeistern – zum Beispiel für den Grünen Winkel in Lippstadt.

Das Strandbad Uferlos

Sonnenuntergang am Möhnesee

Unsere erste Reise nach Belecke mit der Familie vor sieben Jahren hat mit einem Besuch des Strandbads „Uferlos“ am Möhnesee begonnen, wo die Kinder ausgelassen im Sand tollen, Beachvolleyball spielen und im Wasser planschen konnten – „fast wie am Campingplatz in Split“ war das Urteil der Kleinen und damit die halbe Miete für einen Umzug von Graz nach Belecke gewonnen. Und so blieb das Strandbad über die ganzen Jahre einer unserer Lieblingsorte, an den wir auch unsere Gäste aus Dortmund, Österreich, Finnland, Schottland und viele Freunde unserer Kinder führten, die sich dort alle wohl fühlten und den Stausee genossen. Oft haben unsere Abende mit Ballspiel im Sand und einer Virgin Colada für die Kinder geendet, nachdem sie mit ihren aufblasbaren Wassertieren im Wasser gedümpelt und versucht hatten, die Sonnenfischchen – meist erfolglos – zu fangen.

Die Sonnenuntergänge sind generell im Sauerland sehr spektakulär, aber besonders schön sind der rot glühende Himmel und die versinkende Sonne aus einem Strandkorb zu bewundern – wenn sich der Himmel im Möhnesee spiegelt und die Masten der Segelboote rot aufglühen.

Der Möhnesee ist über eine stillgelegte Bahnstrecke von Belecke sehr gut mit dem Fahrrad oder den Inlineskates zu erreichen. Der idyllische Weg schlängelt sich parallel zur Möhne und endet direkt am Strandbad Uferlos.

Ein besonders beeindruckendes Erlebnis war es, den ausgetrockneten Möhnesee nach dem sehr trockenen Sommer 2018 zu Fuß zu durchqueren. Die riesigen fehlenden Wassermassen haben den Wassernotstand in Deutschland sehr spürbar gemacht. Wir haben einen Eindruck davon bekommen, wie die Landschaft aussah, bevor der See angestaut wurde. Alte Brücken, der ursprüngliche Verlauf der Möhne und die Unterwasserkonstruktionen der Stauanlagen waren zu sehen.

Der Möhnesee ist zu jeder Jahreszeit einen Besuch wert und das saubere Wasser lädt im Sommer immer zum Baden und Planschen ein.

Verena Müller hat von 2013 bis 2020 in Belecke gewohnt. Sie arbeitet seit 2008 für Infineon und ist aktuell verantwortlich für das Production Management bei IPB in Warstein. Den Sonnenuntergang am Möhnesee mit der Familie zu genießen, gehört zu den schönsten Momenten im Sommer.

Geniale Kulisse: Flüge mit Modellhubschraubern und Drohnen

Natur meets Technik

Für mich bedeutet Arbeit viel „Kopfarbeit" (und das Herz ist natürlich auch dabei). Da ist es zum Ausgleich schön, auch die körperlichen oder motorischen Fähigkeiten herauszufordern. Ich mache dies gern mit Sport (Joggen liegt mir da am meisten), und ich lasse gern meine Modellhubschrauber und Drohnen fliegen. Dazu brauche ich viel Raum, mit Abstand von Gebäuden, Menschen und Tieren. Das finde ich an vielen Stellen im Sauerland. Ganz besonders mag ich die Felder bei Westendorf in der Nähe von Allagen, meinem „Arbeits-wohnort". Hier kann ich in Ruhe starten und landen, meine Loops, Flips und Rolls üben oder einfach im gemütlichen, fast meditativen Rundflug verfolgen, wie diese hochtechnischen Fluggeräte ihre Bahnen durch den Nachmittag- und Abendhimmel ziehen.

Nach jeweils drei bis fünf Minuten ist Pause, weil der Akku leer ist. Das ist gut für Motoren und Elektronik und auch für mich, denn je nach Fluggerät, Flugfiguren und Windstärke erhole auch ich mich gern von der heftigen Adrenalinausschüttung, die dieses Hobby immer wieder spannend macht.

An meinem Lieblingsort gefallen mir ganz besonders die intensiven, kontrastreichen Farben: die reifen Kornfelder im Sommer, der blaue Himmel mit ein paar Wolken, die Bäume am Straßenrand, die in schöner Regelmäßig-

keit als grüne Farbtupfer auftauchen. Auch die unbändige Kraft der Natur, die schon kurz nach dem Abernten eines Feldes neue Keimlinge hervorbringt, ist an diesem Ort besonders deutlich.

Es geht aber natürlich nicht nur um die optische Wahrnehmung: Während ich mit den Vorbereitungen für den nächsten Flug beschäftigt bin, höre ich die Feldmäuse rascheln und die Bussarde schreien, ich höre das Rauschen des Windes, und ich nehme den Duft der Felder wahr. Wenn im Sommer die Sonne den ganzen Tag mit voller Kraft auf die Felder geschienen hat, ist ein ganz spezieller Duft in der Luft; und wenn es mal geregnet hat, kann ich die Feuchtigkeit riechen.

Ich bin im Münsterland geboren, habe fast 40 Jahre im Rheinland, in Aachen und in den grenznahen Niederlanden, in Eindhoven, verbracht. Ich genieße es jetzt sehr, mit meinem jetzigen Arbeitsort wieder ein Stück näher an die grüne Landschaft mit dem vertrauten Menschenschlag meiner Kindheit heranzukommen. Genau dieses Gefühl drückt sich für mich in den Feldern bei Westendorf aus. Es freut mich besonders, an meinem Lieblingsort Menschen bei ihrem abendlichen Spaziergang zu treffen, mit denen ich über mein Hobby leicht ins Gespräch komme. So zum Beispiel mit einem älteren Herrn, der als aktiver und erfolgreicher Taubenzüchter überlegt, ob Drohnen helfen können, seine Tauben beim heimatlichen Landeanflug vor Raubvögeln zu schützen.

Wolfgang Budde hat 28 Jahre in der Philips Forschung in Aachen und Eindhoven gearbeitet. Strukturelle Veränderungen haben ihn auf den Weg zu Infineon gebracht. Wenn er seine Modellhubschrauber und Drohnen über den Feldern von Westendorf fliegen lässt, genießt er den Einklang von Natur und Technik.

Unterwegs auf dem „Auszeitweg“

Das Sauerland bei Kallenhardt und Schloss Körtlinghausen

Nördlich des schönen Dorfes Kallenhardt, weit entfernt von Lärm und Trubel, liegt der Biesenberg, der das Rüthener Möhnetal vom Kallenhardter Glenne- und Lörmecketal trennt. Auf der Nordseite des Berges hat man einen herrlichen Blick über das Möhnetal und auf die alte Stadt Rüthen mit ihren Kirchen, dem Wasserturm und der mittelalterlichen Stadtmauer. Auf der Südseite führen Prozessions- und Pilgerwege über die einsamen landwirtschaftlichen Wege zwischen Schloss Körtlinghausen und dem Diözesanzentrum der Pfadfinder. An einer Kurve bietet schon seit jeher eine Bank dem Wanderer eine Pause an. Hier hat man einen wunderschönen Panoramablick von den Briloner Höhen im Osten über den Lörmecketurm bis zum Stimm-Stamm-Fernsehturm. Im Mittelpunkt des Ausblickes liegt allerdings Kallenhardt mit seiner markanten Bergdorf-Silhouette, die von der St.-Clemens-Kirche an der Spitze gekrönt wird. Dieser Platz am „Auszeitweg“-Pilgerweg der St.-Clemens-Kirchengemeinde ist der Lieblingsplatz von vielen Einheimischen sowie von Wanderern und Pfadfindern aus Nah und Fern.

www.kallenhardt.de
3klang-kallenhardt.de
www.schloss-koertlinghausen.de/geschichte.html
www.dioezesanzentrum-ruethen.de

Wolfgang Radin lebt in Rüthen-Kallenhardt und arbeitet seit 1989 als Buchhalter/Controller bei Infineon, vormals eupec GmbH. Mit dem E-Bike wird der Heimweg von der Arbeit mit zwei Anstiegen über jeweils 100 Höhenmeter zu einem Kurzurlaub im schönsten Teil des Nord-Sauerlands.

Bildnachweis

Alle Fotos wurden von den Autoren selbst gemacht,
mit Ausnahme folgender Bilder:
Seite 20, alle Fotos (Ausnahme rechts unten): Bike Arena Sauerland
Seite 22/23, alle Fotos: Gospelchor Spirit of Music – Anröchte
Seite 30, alle Fotos: Hotel Pilgrim-Haus GmbH
Seite 35, Foto rechts: Sabine Hannack
Seite 42/43, alle Fotos: Lau Meng Chee
Seite 60/61, alle Fotos (Ausnahme rechts): Ski Club Willingen e.V.; Foto rechts: Andreas Henke
Seite 70, alle Fotos (Ausnahme links unten): Hartmut Luhmann/Waldrestaurant Zur Steinkiste
Seite 84/85, Foto links: Jürgen Schulte; Foto rechts: Siegfried Schenuit
Seite 96/97, Foto links: Stadt Paderborn; Foto rechts: Wirtschaft und Marketing Soest GmbH – Gero Sliwa
Seite 120, alle Fotos: Wikimedia Commons
- Maxbentheim (Foto oben links): https://commons.wikimedia.org/wiki/File:F%C3%BCrstensaal_Schloss_Hohenlimburg.jpg
- Maxbentheim (Foto oben rechts): https://commons.wikimedia.org/wiki/File:Schlossinnenhof_Hohenlimburg_-_Morgenstimmung.jpg
- Klaus Bärwinkel (Foto unten links): https://commons.wikimedia.org/wiki/File:Blick_auf_Hohenlimburg.JPG
- Klaus Bärwinkel (Foto unten rechts): https://commons.wikimedia.org/wiki/File:Lichtkunst_Schloss_Hohenlimburg_6.JPG

Die Rechte der Autoren-Fotos liegen bei den Autoren.
Zusätzliche Angaben hierzu:
Achim Cordes: Danielle Barthel; Anne Zumbansen: Christina Brüschke/slicpic Fotografie; Andreas Schulz, André Wedi, Gunnar Puk, Jürgen Schiele, Marius Koch, Michael Mund, Nikolas Danckwerts, Reinhold Spanke, Roman Tschirbs, Sonja Thamm, Ulrich Schwarzer: Dominic Krause

Quellenverzeichnis

Die Autoren haben für ihre Texte folgende Quellen genutzt:

Arne Kohring:
Quelle: https://www.pilgrimhaus.de/

Bernd Heinze:
Quelle: https://www.vrmsw.de/

Horst Krüger:
Quelle: http://www.anroechter-stein-museum.de/

Jörg Malzon-Jessen:
Quelle: Informationen aus (C) Westfälische Werkstätten, Heft 117: Haus Kupferhammer in Warstein; ISSN: 0930-3952

Jürgen Schiele:
Quellen: https://www.ruethen.de/; https://www.tourismus-ruethen.de/

Kai Vollmer:
Quelle: https://www.waldskulpturenweg.de/

Marion Weber:
Quelle: https://www.wald-und-holz.nrw.de/wald-erleben/infozentren/wiz-hammerhof-wisentgehege-hardehausen

Michael Gadermann/Jens-Eric Hense:
Quellen: https://www.sauerland.com/Media/Attraktionen/Flugplatz-Schueren; https://flugplatz-meschede.de/

Stefanie Radine:
Quellen: https://www.naturpark-arnsberger-wald.de/02_freizeit_erleben/am_wegesrand/moehnesee_turm/moehnesee_turm.php; https://www.naturpark-arnsberger-wald.de/02_freizeit_erleben/am_wegesrand/klangwald/klangwald.php

Stephanie Steinke:
Quelle: http://www.arnsberg.de/natur-erlebnis-raum

Schreiben Sie uns!

Trotz aller Gründlichkeit beim Recherchieren und im Beschreiben schleichen sich manchmal Fehler ein. Sollte Ihnen, liebe Leserinnen und Leser, etwas auffallen, das zu korrigieren ist, schreiben Sie uns: Kommunikation.IFAG.Warstein@infineon.com. Gerne berücksichtigen wir dies in einer möglichen weiteren Auflage.

Bitte haben Sie Verständnis, dass wir für mögliche Fehler keine Haftung übernehmen können.

Notizen

Notizen

Notizen